Nuestros lectores y clientes nos avalan

"Nuestra compañía ha participado en decenas de seminarios dirigidos a la motivación de nuestros empleados. Sin lugar a dudas, no hubo ninguna actividad que haya calado tan hondo y provisto de buenos e inmediatos resultados que el seminario Motivando a Nuestra Gente."

> Doris Padró
> Gerente General
> Polaroid Caribbean Corporation

"Su mensaje es claro, de fácil adopción e inmediata ejecución, para lograr el éxito que todos buscamos. Lo felicitamos por su gestión profesional. En nuestra institución lo consideramos como la mejor inversión interna para gestión universitaria."

> Lic. Marta Vélez Echevarría
> Decana de Administración
> Universidad de P. R.
> Humacao, Puerto Rico

"Sinceramente, no recordamos ningún seminario más intenso y exitoso que Motivando a Nuestra Gente, celebrado hace poco en el área de Ventas de nuestra organización."

> Alejandro Hernández
> West S. A.
> Santo Domingo, R. D.

"Los comentarios que recibimos acerca de su conferencia fueron muy estimulantes. Supimos que había gustado a tal grado que a petición de los participantes se extendió por una hora adicional. Los cambios que de inmediato hemos visto en nuestro equipo de trabajo nos confirman que hicimos una buena inversión."

>   Pedro Viera
>   Presidente Nacional
>   Ser-Jobs for Progress, Inc.
>   Dallas, Texas

"Aunque me considero una persona de éxito, la lectura de sus libros impactó mi vida. Estoy convencido de que las herramientas que usted propone deben ser requisitos en nuestros sistemas educativos, para permitir el desarrollo de los líderes del siglo XXI."

>   Alberto Hernández
>   Century 21
>   San Juan, P. R.

LOS RETOS DEL LÍDER EN EL SIGLO XXI

J.R. Román

Editorial Vida
DEDICADOS A LA EXCELENCIA

> La misión de EDITORIAL VIDA es proporcionar los recursos necesarios a fin de alcanzar a las personas para Jesucristo y ayudarlas a crecer en su fe.

© 1998 EDITORIAL VIDA
Miami, Florida 33166

Diseño de cubierta: *O' Design*

Reservados todos los derechos

ISBN 0-8297-1581-9

Categoría: *Liderazgo*

Impreso en Estados Unidos de América
Printed in the United States of America

02 03 04 05 06 ❖ 09 08 07 06 05

Índice

Reconocimientos 6
Prefacio 7
Introducción 9

Capítulo 1
Las características del líder efectivo 13

Capítulo 2
Sus responsabilidades como líder 23

Capítulo 3
Cómo trabajar con personas difíciles 33

Capítulo 4
Para fortalecer su inteligencia emocional 47

Capítulo 5
Cómo establecer una comunicación efectiva 59

Capítulo 6
Cómo hablar en público con efectividad 69

Capítulo 7
Para desarrollar el arte de servir 81

Capítulo 8
Los cambios del nuevo siglo 92

Capítulo 9
Para producir una vida balanceada 103

Capítulo 10
Un nuevo estilo de vida 113

Agradecimientos

Deseo darles las gracias a todas las personas que me apoyaron para que este libro se hiciera realidad. Fueron muchas las personas que me respaldaron con sus consejos, experiencias y recomendaciones.

Quiero comenzar con Esteban Fernández, presidente de Editorial Vida, y el editor Jim Zabloski y su equipo de trabajo. Agradecer a ellos por darme la oportunidad de sembrar la presente semilla en la vida de miles de personas. Y a su equipo de trabajo porque le dio respuesta a nuestras interrogantes rápidamente y puso todos sus recursos en función de superar los obstáculos que encontramos.

Agradecer a aquellos clientes y amigos que de manera especial han respaldado mi trabajo y también el proceso de llevar un mensaje de orientación, exhortación y esperanza a otros miles de personas. Ellos suman cientos de clientes y amigos que la falta de espacio no me deja enumerar.

A mi esposa Candy, que me ayudó a desarrollar este proyecto. A mis dos hijos, José Ramón III y Pablo José, los cuales siempre están a mi lado secundando nuestra labor y sirviendo de modelos del mensaje que difundimos.

Finalmente, registrar mi agradecimiento al grupo de labor que culminó la edición y el diseño de la presente obra. A mi amigo el doctor Verne Peterson, director ejecutivo de Alfalit International. A Jorge Julio González, editor. A John Coté, quien realizó el arte de la portada.

Y, sobre todo, agradecer a nuestro Señor Jesucristo, que me dio sabiduría para crear esta obra.

Espero que el esfuerzo y el trabajo concentrados aquí sean de bendición para el lector. Y confió en que desde ahora su destino es ser un modelo del líder en el siglo XXI.

J. R. Román

Prefacio

Durante los pasados veinte años, J. R. Román se ejercitó para ofrecerle al personal de empresas, agencias del gobierno y organizaciones de todo tipo, sistemas de aprendizaje que contribuyen a desarrollar el potencial de los individuos y alcanzar sus objetivos.

J. R. Román es autor de más de veinticinco programas, talleres y seminarios de temas de liderazgo, trabajo en equipo, servicio al cliente, ventas y motivación. Es autor también de varios libros, entre ellos *Motivando a nuestra gente* y *Somos la fuerza del cambio*.

Ha sido contratado por cientos de compañías en los Estados Unidos, Puerto Rico, México, la República Dominicana, Brasil y Chile para capacitar a más de doscientas cincuenta mil personas en temas tan definitivos como aumento de su productividad, mejora en sus relaciones interpersonales y crecimiento de su calidad de vida.

La opinión generalizada confirma que la labor de J. R. está ayudando a las personas y a las empresas a fortalecerse y ser más exitosas. Muchos comentan: "Me hubiera gustado conocer estos conceptos con diez años de anticipación, porque hubiera evitado muchos problemas y muchas malas decisiones."

J. R. Román es presidente de Hispanic Business Networking, Inc., que está afiliada a una red que representa a más de seiscientos cincuenta mil comerciantes en los Estados Unidos. Es el productor, además, del programa de radio y televisión *Nuestra Gente*.

Presidió igualmente los capítulos de San Juan, Puerto Rico, y de Orlando, Florida, de la Fraternidad Cristiana de Hombres de Negocio, asociación que cuenta con más de un millón de miembros en 134 países.

J. R. Román viaja a más de treinta ciudades al año impartiendo sus conferencias y seminarios. Él nos comenta: "No hay nada que me produzca más satisfacción que ayudar a las personas a descubrir sus talentos, sus habilidades, y a convertir en realidad sus sueños. Mi experiencia me confirma que a la gran mayoría de la gente no le han enseñado a vivir, a administrar sus estados emocionales, a fortalecer su autoestima y a descubrir el potencial que existe en cada uno de nosotros. Y representa un gran reto para mí ser el agente facilitador que ayude a las personas a tomar las decisiones apropiadas."

— Los editores

Introducción

Cuando hablamos de líder, nos referimos a esa persona que respira, sueña y cuya principal aspiración es mejorar su calidad de vida y la de sus compañeros, vecinos, amigos y familiares.

Hablamos de quienes tienen un espíritu de lucha regido por el deseo de hacer una contribución a las futuras generaciones; el deseo de pavimentar el camino para que los que nos siguen tengan una superior forma de existencia.

El principal reto del líder en el siglo XXI es armonizar las demandas de su organización, las de su comunidad y las su país, con las demandas de su propia persona. El desafío será adelantarse a los cambios que se avecinan y prepararse para utilizar los nuevos recursos disponibles; inspirar a los que le rodean para que voluntariamente lo apoyen en la tarea de alcanzar sus objetivos.

La pregunta que nos podemos hacer es: ¿Realmente tenemos la oportunidad de mejorar, de convertirnos en líderes efectivos?

Las noticias que recibimos son sólo acerca de los problemas que aquejan al mundo: guerras, muertes, contaminación, luchas políticas y otras dificultades. Sin embargo, mi percepción de la vida es que nunca antes han existido más y mejores oportunidades. Hoy tenemos el derecho de escoger con quién nos vamos a casar, dónde queremos vivir, en qué tipo de residencia, cuál carrera queremos estudiar, qué tipo de negocio queremos desarrollar, qué contribución deseamos hacer a las futuras generaciones.

Visito más de treinta ciudades anualmente y es extraordinario ver cómo personas que no son del lugar viven y se mueven con seguridad, desarrollándose donde entienden que es mejor para ellos. Contamos con unos recursos sorprendentes. Nos podemos comunicar con todo el mundo desde la comodidad de nuestro hogar y, si queremos, desayunar en Orlando, almorzar en Nueva York y cenar en Chicago.

Sólo es cuestión de hacer realidad nuestras metas; mas el primer paso para ello es precisamente desarrollar nuestro liderazgo.

Estoy convencido de que todos los tiempos han cumplido un propósito en el plan general de Dios. Hace dos mil años Dios envió a Jesucristo para que la humanidad se reconciliase con Él. En todo este tiempo las personas han tenido la oportunidad de desarrollar dicha relación. Y en los días presentes hay todavía más sed de alimentar y avanzar en esta comunión con Dios.

El líder moderno comprende que hay cosas más importantes que la política, la economía, los adelantos tecnológicos o la competencia. Sin duda estos son temas substanciales, pero las necesidades de las personas se examinan más profundamente cuando nos adentramos en nuestras necesidades espirituales, que son las que en definitiva balancean nuestras exigencias emocionales y físicas.

Conozco a miles de personas que tenían grandes metas que finalmente alcanzaron, pero después se dieron cuenta de que la satisfacción de esos logros no llenó el vacío espiritual que tenían.

Creo firmemente que ninguna persona que aspire a una posición de líder tendrá éxito si no desarrolla una relación personal con Dios.

A algunas personas en mis conferencias les choca que yo hable de Dios. Sin embargo, entiendo que el no hacerlo sería llevarles un mensaje incompleto. Por muchos años en mi caso particular traté de desplegar mis negocios sin darle participación a Dios, y me di cuenta de que aunque tenía todos los recursos para el éxito, no lo lograba porque tenía un choque de valores.

Quería hacer las cosas bien, pero la contaminación del mundo opacaba mis intenciones y me intoxicaba. La paz que produce el Espíritu de Dios es la fuerza suprema que mueve montañas; es la energía que nos permite convertir lo invisible en visible, lo difícil en fácil y lo imposible en posible.

Cuando recibí la noticia de Esteban Fernández, presidente de Editorial Vida, anunciándome que estaba listo para publicar mi tercer libro, comprendí que recibía la oportunidad de brindar una obra con las guías, las experiencias y las estrategias necesarias para apoyar al líder de la centuria.

Introducción

Si continuamos imitando a gente común y corriente, produciremos resultados comunes y corrientes. Mientras escribía este libro, compartía con mi hijo Pablo José estas ideas acerca de la importancia de romper con la mediocridad y comprometernos como líderes del nuevo siglo a tomar decisiones que nos conduzcan a un liderazgo balanceado que, a su vez, inspire a otros a romper con la mediocridad.

Cuesta el mismo trabajo hacer las cosas en una forma excelente que hacerlas sólo bien. Cuesta el mismo esfuerzo comunicarse de manera positiva y elegante que de forma mediocre.

Tenemos una guerra interna intensa, porque queremos lograr grandes metas, pero no estamos dispuestos a pagar su precio. El precio del éxito se paga por adelantado y al contado; y se paga trabajando, produciendo cambios en nuestras creencias, estudiando, preparándonos para asumir responsabilidades.

Mientras escribo este libro, comienzo el reto de comunicarme con usted y desarrollar una relación que enriquezca su vida. Y lo vamos a lograr si usted me ayuda. Lo fundamental es que usted entienda que estoy trabajando para usted y que mi propósito es ofrecerle las herramientas que le ayudarán a fortalecer tanto su liderazgo como su calidad de vida. Le corresponde a usted actuar ahora.

Capítulo 1

Las características del líder efectivo

Cuando comencé a escribir este libro me pregunté: ¿Cuál es la contribución que quiero hacer a las personas que lean este libro? Y me contesté: Quiero ofrecerles una guía que sirva para ayudar a identificar las características que tienen como líderes y las que deben mejorar para convertirse en líderes verdaderamente efectivos.

Lo primero que debemos dejar establecido es: ¿Qué es un líder? Yo lo defino como una persona que motiva a otros y sabe motivarse a sí mismo. Es alguien que logra que las ideas, los pensamientos y los sentimientos de sus asociados se conviertan en acción. Es aquel que levanta el espíritu e impulsa a los demás a actuar para conseguir los resultados deseados.

Además, un líder es una persona que tiene una visión establecida y a quien la gente sigue porque cree en su visión. Dicho líder tiene la capacidad de comunicarse en una forma eficaz y también la de modelar los cambios que se requieran para convertir lo invisible en visible, lo difícil en fácil y lo imposible en posible.

Para ser un líder efectivo hay que cumplir con los requisitos. El líder tiene que conocer a su gente, a sus asociados; tiene que conocer sus valores, sus creencias, sus puntos fuertes y débiles. El líder tiene que saber gobernar sus estados emocionales para que pueda ayudar a sus colaboradores a administrar los de ellos. Es un experto en quitarle fuerzas a las cosas negativas; no negándolas, sino preguntando: ¿Qué puedo aprender de esta situación? ¿Quién me puede ayudar a resolver este problema? ¿Qué cambios debo efectuar para que tal cosa no nos vuelva a suceder?

El líder conoce las creencias que le dan fuerza y las creencias que lo debilitan. Sabe cómo ayudar a sus asociados a cambiar los criterios que lo debilitan. Este es uno de los retos más importantes, es decir, el conocer la forma de ver las cosas de las personas que nos rodean. Muchas veces nuestros mayores obstáculos no son la adversidad en sí, sino la creencia que tenemos de que no podemos resolver la adversidad.

El líder efectivo sabe cambiar el estado emocional de depresión en felicidad. Escribí un artículo hace unos años con el título: "Requiere el mismo trabajo deprimirse que sentirse feliz". Cuando una persona está deprimida pone toda su energía mental en una situación en particular. Se enfoca en la adversidad, se hace preguntas que le sabotean. No puede ver la solución del problema porque enfoca la adversidad con tanta fuerza que no puede ver opciones; solamente puede ver el problema.

Cuando veo a una persona deprimida puedo percibir su estado en los primeros treinta segundos. Su cuerpo me transmite malestar, tristeza, angustia; sus hombros están caídos y habla con un tono de voz sin energía. La puedo comparar con una mosca atrapada en un vaso de cristal. La mosca comienza a dar vueltas queriendo escapar; lo ve todo claro pero no encuentra la salida. Muchas veces eso nos pasa a nosotros. Estamos rodeados de bendiciones pero lo único que vemos son los problemas.

En pocos segundos podemos cambiar nuestro estado de depresión en felicidad si creamos conciencia y cambiamos la manera de vernos a nosotros mismos. Para hacer eso no es necesario ser muy inteligente ni tener un título universitario. Lo comparo con el trabajo de un director de películas que, para producir ciertos estados emocionales en el público, manipula y controla varios efectos especiales. Si desea asustarlo, aumenta el volumen de la música, desarrolla efectos de sonido, aumenta o disminuye la iluminación, y en cuestión de segundos crea unos estados emocionales que pueden ser de felicidad, paz y alegría o pueden ser momentos llenos de miedo, tensión e inseguridad.

Usted puede hacer lo mismo con sus estados emocionales, añadiéndole fuerza a los trescientos pensamientos por minuto que usted produce y eliminando los pensamientos negativos que le restan esa fuerza, que le roban su sueño y su energía.

Las características del líder efectivo

El líder tiene que saber controlarse y aprender a mantenerse en una especie de dieta mental. Esta es una de las herramientas de trabajo que he compartido con más de doscientas cincuenta mil personas en mis seminarios, y muy pocas personas me han dicho que no funciona. Consiste en permanecer concentrado durante siete días en las cosas que le dan fuerza, en las victorias que usted ha realizado, en las personas que le enriquecen su vida. Durante estos siete días usted no debe pasar más de dos minutos en una situación negativa, porque de suceder tendría que comenzar de nuevo la dieta mental desde el primer día.

Una de las partes más interesantes de esta dieta es que al comenzar el día, mientras uno se prepara para salir al trabajo, debe hacerse las siguientes preguntas para encauzarse en las cosas que le dan fuerzas:

¿Qué me hace feliz hoy?
¿Qué cosas buenas van a suceder hoy?
¿Qué personas enriquecen mi vida?
¿Con qué estoy comprometido?
¿De qué me siento orgulloso?

Es bien divertido porque en fracciones de segundos su sistema nervioso recibe instrucciones para orientarse hacia las situaciones que le enriquecen. Cuando uno se enfoca en las cosas buenas resulta muy difícil pensar en la adversidad. Porque Dios nos dio un mecanismo mental tal que cuando nos enfocamos en una cosa, es imposible hacerlo en otra contraria a la vez.

El líder debe reconocer cuáles son los estados emocionales que le dan fuerza a su gente. Se ha comprobado que la confianza, el respeto, la alegría, la fe y la seguridad producen fuerzas poderosas que ayudan a las personas a mejorar su calidad de vida y a realizar con satisfacción el trabajo que hay que hacer.

El líder tiene la responsabilidad de ayudar a las personas a salir de los estados emocionales que las paralizan. Acostumbro a usar una pregunta cuando voy a comenzar mis reuniones o me encuentro con una persona. Esta pregunta me ha ayudado a cambiar el estado emocional de mi interlocutor en fracciones de segundos. La pregunta es: *¿Qué cosas buenas están pasando?* No le pregunto cómo están las cosas, porque si lo hago le estoy dando permiso para que me hable de sus problemas, sus depresiones, su miedo, sus angustias, sus tristezas, sus frustraciones, su coraje y su insuficiencia.

Hay que reconocer que por cada minuto negativo que pasamos, necesitamos once minutos positivos para volver a la normalidad. De manera que si llevamos ocho o diez años negativos, necesitamos un milagro de Dios para regresar a la normalidad.

El líder efectivo entiende que los estados emocionales son un recurso importante para producir un cambio profundo en la vida de sus asociados y en la calidad del trabajo que ellos realizan. Entiende que tanto la conducta de sus asociados como los resultados de su trabajo tienen una relación directa con los estados emocionales en que se encuentran.

Para ser un líder efectivo necesitamos ayudar a nuestra gente a que aprenda a cambiar sus estados emocionales, que aprenda a readiestrar su sistema nervioso y que asuma la responsabilidad de crear estados dinámicos y estimulantes que le permita cambiar su estilo de vida y su calidad de trabajo.

El líder efectivo es un líder *proactivo*, es decir, un líder que se enfoca en la solución y no en los problemas. Siempre tiene un plan de acción y sabe que las excusas satisfacen solamente al que las da y debilitan el carácter del que las acepta. Sabe reconocer sus errores, pues el no saber asumir responsabilidad por ellos es lastimar su autoridad. Es importante desarrollar nuestro liderato a través del desarrollo de nuestra gente y así lo hacemos cuando capacitamos, cuando enseñamos cómo hacer las cosas, cuando inspiramos entusiasmo por nuestros proyectos y cuando creamos un espíritu de unidad.

Existen tres tipos de individuos: Los que son *seguidores*, que muchas veces no tienen una visión establecida y si la tienen nunca la desarrollan. Están también los *realizadores*, los cuales tienen una visión y trabajan para realizarla. Y tenemos a los *líderes*, quienes tienen una visión, la desarrollan y consiguen duplicarla en otras personas. Eso quiere decir que el líder está en un crecimiento constante.

Este crecimiento del líder podemos dividirlo en cinco niveles:

1. El líder por nombramiento es la persona asignada a una posición. Muchas veces no hay quien asuma el liderato y el grupo piensa que esa persona es el mejor candidato. Puede ser también que sea elegido como lo es un gobernador, el presidente de una empresa o el presidente de la asociación de padres y maestros. Esta persona tiene unas capacidades y ha recibido un nombramiento. Se entiende que tiene el talento, los conocimientos y la capacidad para dirigir.

2. El líder por carisma es el líder que consigue que la gente le siga voluntariamente. Mi hijo Pablo José tiene un gran carisma. Recién lo acompañé a la escuela donde estudia y pude comprobar su liderato en acción. En cada pasillo encontraba amigos que le saludaban. El carisma es algo natural que viene con la persona y está ligado al carácter. La persona de carácter influyente es alegre y simpática; transmite confianza y la gente la sigue. Todos tenemos la capacidad de desarrollar esto.

3. El líder por resultados es el líder que habla de lo que hay que hacer y también lo hace. Es el que se orienta en lo que hay que hacer para conseguir las metas deseadas. Regularmente es exigente, dirige su tiempo a las prioridades y toma decisiones pensando en el resultado final, en el objetivo que quiere realizar. Muchas veces es una persona autocrática y cuando ve que el grupo no responde, da un golpe de estado, alza su tono de voz, da un manotazo sobre la mesa y dice: "¡Esto es lo que se va hacer y se acabó!"

4. El líder por duplicación es el líder maduro, con vasta experiencia, que ha logrado duplicar en otros su carácter, su cultura, su filosofía. La gente lo sigue y lo apoya porque hay un modelo y un sistema a seguir. Sus colaboradores tienen fe en él, tienen confianza porque la experiencia y los resultados que se han conseguido producen la certidumbre de que se está en buenas manos o que hay un buen equipo de trabajo. El apoyar este esfuerzo producirá beneficios para todos. Los líderes que crecen son los líderes que se duplican; son los que luego de retirarse sus proyectos continúan funcionando.

5. El líder por convicción es el líder que ha creado una trayectoria, unos resultados, y que se le sigue por lo que es, por lo que representa. Podría ser el caso de Walt Disney, que a pesar de que se fue a la quiebra siete veces, recorrió más de 350 bancos en busca de un préstamo para su primer parque de diversiones, y se lo negaron. Hasta lo expulsaron de un periódico por falta de creatividad. A pesar de todas estas adversidades, hoy es reconocido como un genio del entretenimiento cuyos parques de diversiones los visitan más de treinta millones de personas cada año. Es interesante poder identificar a líderes de convicción que convierten cosas aparentemente insignificantes en grandes proyectos y quedan en la historia como modelos para inspirar a otros a convertirse en líderes efectivos.

El líder efectivo sabe desarrollar confianza en su gente, busca el tiempo para escucharla, conocer sus necesidades, sus problemas y ofrecer respuestas a esas necesidades. Es una persona transparente que cuando tiene que decir no, no le da vueltas al asunto. Su gente lo respeta porque está comprometido con la verdad, y la verdad nos hace libre y nos produce confianza. Acepta a las personas como son y demuestra un interés genuino en ellas.

El líder efectivo aprende a leer los sentimientos de las personas, es sensible a sus necesidades y les ofrece un apoyo auténtico. Entiende que el crecimiento del individuo es su garantía para el éxito.

Este tipo de líder ve a sus asociados como amigos y sabe que las destrezas del grupo van a determinar el éxito; por eso apoya a su equipo. Se concentra en los puntos fuertes de cada uno y reconoce que sólo existen ganadores. Para lograr esto el líder tiene que convertirse en un agente de cambio, un excelente vendedor de ideas, de conceptos y de filosofías.

Una dificultad es que todo el mundo no nos acepta a la vez, que hay resistencia al cambio. Conseguir que la gente nos siga voluntariamente es un proceso que toma tiempo, energía y trabajo. Por ejemplo, vamos a hacer un proyecto: nos reunimos, le ofrecemos la información al grupo y de inmediato vemos la apatía, la resistencia al cambio, el supuesto problema que va a crear el cambio. Sin embargo, a pesar de que hay un grupo que se resiste, siempre hay otro que acepta la idea inmediatamente.

Se estima que el 12% del grupo acepta los cambios inmediatamente, mientras que al 88% le tomará tiempo recibir el cambio. Según va pasando el tiempo y se implementa el proceso, comienza una aceptación gradual donde un 60% del grupo bajará la resistencia y reconocerá que el procedimiento del cambio es bueno. Un 28% del grupo no tomará la decisión de integrarse y apoyar el proyecto hasta que no pueda medir los beneficios de una forma tangible. Eso puede tomar años. Existen cientos de ejemplos de cambios que en un momento no fueron aceptados y cuyos resultados hoy producen confianza.

El líder efectivo es un agente promotor de cambios, para lo cual tiene que tener fe en sus proyectos, reconocer sus puntos fuertes y débiles. Debe realizar un inventario de los talentos y las habilidades de su equipo de trabajo; establecer los resultados que se quieren alcanzar, qué beneficios producirán estos resultados, qué obstáculos hay que superar, qué principios se deben cambiar para fortalecer al equipo de trabajo y qué recursos hacen falta para conseguir lo que se aspira.

El líder como promotor de cambios debe tener una guía para poder adjudicar los cambios que quiere realizar y conseguir que su gente lo apoye en esta causa. Hay siete preguntas que debemos contestar para conseguir que nuestra gente nos apoye en un proceso de cambio:

1. ¿Este cambio que queremos realizar va a beneficiar al grupo, a la compañía, a la asociación o a la familia? Dentro de esta pregunta podemos contestar otras seis preguntas:
   a. ¿Cuál es el cambio que queremos y por qué?
   b. ¿Para cuándo lo queremos?
   c. ¿Qué significa si lo logramos?
   d. ¿Qué nos impide tenerlo ahora?
   e. ¿Cómo podemos superar estos obstáculos?
   f. ¿Quién nos puede ayudar?
2. ¿Estos cambios son compatibles con los valores, las ideas, la filosofía y los objetivos de nuestra organización o nuestro grupo? Para esto tendríamos que definir:
   a. ¿Cuáles son los valores que dirigen nuestra organización?
   b. ¿Cuál es la misión y la visión de nuestra organización?
   c. ¿Cuáles son los objetivos a corto y a largo plazo?
   d. Si repetimos lo que hicimos en los pasados cinco años, ¿cuáles serán los resultados que tendremos en los próximos cinco años?
3. ¿Contamos con los recursos para producir el cambio?
   a. Recursos humanos
   b. Recursos económicos
   c. Tiempo
   d. Equipo
   e. Tecnología
4. ¿Es posible probar el cambio antes de comprometerse con él?
   a. ¿Quién ha logrado este cambio antes?
   b. ¿Qué experiencia ha tenido?

    c. ¿Quién de nuestro grupo puede hacer una prueba?
    d. ¿Qué tiempo nos tomaría hacer esta prueba?
5. ¿Producirá este cambio los beneficios que deseamos?
    a. ¿Qué beneficios queremos?
    b. ¿Cuánto nos va a costar?
    c. ¿Cuánto nos va a economizar?
    d. ¿Cómo nos va a ayudar a alcanzar los objetivos?
6. ¿Contamos con el liderazgo para poder llevar a cabo este cambio?
    a. ¿Contamos con el equipo de trabajo?
    b. ¿Cómo lo vamos a evaluar?
    c. ¿Cuánto nos va a costar, de no conseguir los recursos deseados?
    d. ¿Existe el compromiso con el proyecto?
7. ¿Será éste el momento apropiado para realizar el cambio?
    a. ¿Existen las condiciones adecuadas?
    b. ¿Cree el grupo en el proyecto?
    c. ¿Es favorable la situación política?
    d. ¿Es propicia la situación atmosférica?
    e. ¿Está preparado el grupo de manera emocional e intelectual, y cuenta con la tecnología necesaria?

El líder efectivo sabe persuadir y motivar a sus asociados, sabe escuchar y aprende de las experiencias diarias. Diagnostica las situaciones y busca soluciones para evitar las crisis. Establece los objetivos y trabaja para alcanzarlos. Consigue que las ideas se pongan en acción hasta lograr los resultados deseados.

Antes de terminar este capítulo, sería propicio hacer un análisis de las características del líder efectivo:

1. Es íntegro. Significa que no se divide, que sabe que no puede complacer a todo el mundo, pero que sus decisiones van dirigidas a conseguir el beneficio de la mayoría de los asociados.

2. Se compromete. Cuando dice que lo va a hacer, lo hace. Se enfoca en el trabajo. Le gustan los desafíos y toma decisiones pensando en el resultado final. No concibe la derrota; por lo contrario está enfocado en la victoria y en el precio que hay que pagar por alcanzar el objetivo.

3. Es creativo. Sabe buscarle la vuelta a la adversidad. Se centra en cómo le gustaría que fueran las cosas. Sabe que si los resultados que está obteniendo no son los mejores, es por que existen otras formas de hacer las cosas. Sabe relajarse, porque cuando lo hace su creatividad se multiplica.

4. Es flexible. Si no consigue los resultados que esperaba, sabe que todo tiene su tiempo. El no alcanzar el resultado hoy no significa que mañana no tendrá otra oportunidad. La flexibilidad es una de las herramientas más poderosas para evitar la ansiedad, la tensión y las frustraciones.

5. Es entusiasta. Sabe crear entusiasmo tanto en sus asociados como en sí mismo. Comparte sus ideas, sus sueños y se enfoca en los resultados por venir. Toma decisiones pensando en la victoria que alcanzará. Sabe lo que quiere, tiene el conocimiento para hacerlo realidad, toma acción para ello y es perseverante. Lo importante no es las veces que ha fallado, sino las veces que se ha levantado ante la adversidad.

6. Está resuelto. Sabe que la adversidad es circunstancial. Tiene el hábito de seguir luchando hasta alcanzar su objetivo. Su perseverancia es un motor que no se detiene. Mientras otros hablan de problemas, él habla de soluciones. Su mapa mental va orientado a cómo llegar. Se pregunta: ¿Cómo puedo superar estos obstáculos? ¿Quién ha superado antes estas adversidades? ¿Quién me puede ayudar?

7. Es enérgico. Se alimenta bien, descansa, hace ejercicios y se mueve y habla con energía. En su comunicación corporal no se puede leer inseguridad o falta de confianza en sí mismo. Es un torpedo que va directo a su objetivo. Recarga las baterías de los que se le acercan y transmite convicción de que van por el camino correcto.

8. Es empático. Sabe cómo la gente se siente; le gusta enseñar y aconsejar. Está convencido de que su éxito tiene una relación directa con el éxito de sus asociados. Su empatía hace que la gente se sienta cómoda con él.

Trabaje con las características que le gustaría mejorar y fortalezca las que entiende que se encuentran bien. El líder del siglo XXI requiere una evaluación continua para mantener su posición de liderato, pues dichas características son la infraestructura de su desarrollo como líder.

Actúe ahora y esté consciente de que los cambios más difíciles son cuando estamos trabajando con gente. Levántese hoy como el líder que tiene derecho a ser. Nadie podrá robarle la oportunidad de hacer el trabajo que le corresponde. Hay un mensaje que dice: "Si quieres planificar para un año, siembra semillas; si quieres planificar para una década, siembra árboles; si quieres planificar para la eternidad, siembra en la gente."

Dedíquese a enriquecerles la vida a las personas. Ayúdelas a redescubrir el potencial que hay dormido en ellas, a identificar en qué áreas de su vida son fuertes y dónde necesitan ayuda. Motívelas a establecer un plan para realizar sus metas, a desarrollar el compromiso y la determinación, y a poder determinar cuál es la contribución que desean hacerles a las futuras generaciones.

Usted está recibiendo hoy un llamado para encender la antorcha en el corazón de las personas. Cuando cumpla esta misión, su vida no será igual y su forma de andar será distinta.

Andará con paso firme, su sonrisa será tan contagiosa que transmitirá confianza. Cuando salude a las personas y estreche su mano, éstas recibirán una descarga de energías benéficas, lo que le confirmará que va usted por el camino correcto. Y su lenguaje será transformador, porque no hablará de los problemas y sí de las soluciones.

Capítulo 2

Sus responsabilidades como líder

Conocer sus responsabilidades como líder es esencial para desarrollar su liderazgo. Muchas personas desean que se les reconozca como líder, pero no quieren aceptar la responsabilidad ni pagar el precio que supone la posición. El mundo está lleno de seguidores, de gerentes y administradores; pero no se han desarrollado los líderes que el orbe requiere, y eso hace que hoy tengamos muy pocos preparados para enfrentar el futuro.

Tenemos muchos líderes en potencia, pero no hay garantía de que podamos contar con ellos, ya que los líderes del presente tiempo no le han dado importancia al desarrollo de líderes que continúen su trabajo. El proceso de desarrollar líderes exitosos ha sido el secreto mejor guardado. Por eso los líderes de hoy tendrán una deuda con las generaciones futuras.

Lo anterior lo podemos confirmar con los cientos de empresas que pierden su liderato en el mercado cuando se muere o se retira el que dirige la empresa y no hay alguien preparado para continuar con el desarrollo de la organización. En cuestión de meses, la empresa que costó muchos sacrificios desarrollar, cae en crisis y no se recupera. A pesar de que son empresas con muchos años y muchos recursos, carecen de un liderato en desarrollo.

Con los partidos políticos sucede lo mismo. Hay unas guerras no declaradas donde la energía y los recursos se invierten en sabotear al compañero y no en trabajar para resolver los problemas que afectan a nuestra gente. En vez de resolver los problemas, los adversarios se afanan en cuestionar cualquier plan y sabotearlo.

La responsabilidad del líder es reconocer su compromiso y responder a su gente con sus conocimientos, experiencias, habilidades y recursos. Además, debe proseguir con las metas que se han establecido y garantizar que la organización continúe con un liderazgo que en su momento recoja la antorcha y siga alumbrando el camino.

Es responsabilidad del líder influenciar, motivar e inspirar a su gente a que se comprometa con todo su empeño en conseguir los resultados deseados. El líder debe tener la visión claramente definida de hacia donde se dirige, por qué lo hace y cómo lo logrará. El líder exitoso sabe que su responsabilidad es dirigir, establecer las reglas del juego y garantizar resultados.

Su responsabilidad es organizar, coordinar los recursos y las energías de su equipo para conseguir que identifique y utilice su potencial. El verdadero líder ofrece oportunidades a su gente porque sabe que su responsabilidad no es mantener seguidores, sino producir nuevos líderes, y para ello tiene que darle libertad a su equipo. Un líder exitoso sabe inspirar a su gente para que tenga confianza al utilizar sus propias experiencias.

El líder efectivo es modelo de lo que predica, vive en una forma auténtica, se compromete con la verdad y está consciente de que su responsabilidad es servir. Su actitud de servicio será inspiración para que otros imiten ese estilo de liderato.

En resumen, la responsabilidad de un líder es influenciar positivamente a su equipo, inspirarlo, motivarlo y activar sus energías para trabajar permanentemente y en pos de las metas que se han establecido. Eso requiere un compromiso absoluto, una confianza permanente y un coraje resuelto para no detenerse, a pesar de las adversidades que tendrán que enfrentar.

Es importante definir con exactitud el propósito, la visión de hacia dónde nos dirigimos. Esa meta se convertirá en el motivo que inspirará a nuestro equipo de trabajo a pagar gustoso y por adelantado el precio del éxito.

Su responsabilidad como líder no se podrá mantener sin una visión claramente definida. El líder debe tener un propósito que genere pasión, tanto en él como en su equipo de trabajo. Eso será una fuente inagotable de energía que producirá la fuerza magnética para activar el compromiso, la cooperación y la confianza que los mantendrán

Sus responsabilidades como líder

unidos. Usted como líder tiene el potencial para fortalecer en su gente los valores, la convicción y la fe.

Si usted está leyendo este libro, es probable que le interese fortalecer su liderazgo y ser un líder efectivo. Entonces las preguntas que se debe hacer son: *¿Cuál es mi visión? ¿Cuál es mi propósito?* Si usted no sabe a donde se dirige, no llegará a ninguna parte. Cuando tengo un viaje, defino el propósito de ese viaje, preparo las actividades en que voy a participar y determino qué resultados espero. Usted está llamado a participar en el viaje que le hará desarrollar su liderazgo.

Para ser un líder efectivo debe entender que su función es conseguir lo mejor de su equipo de trabajo e inspirarlo a su máxima potencia, para conseguir las metas que se ha propuesto. Por eso debemos inspirar e influenciar los sentimientos, las creencias y los valores de nuestra gente.

Si fuéramos a establecer una fábrica de líderes, ¿cuál sería la materia prima que necesitamos?, ¿cuáles serían los ingredientes que se requieren? Se sabe que los líderes no nacen, sino que se hacen. Así como los abogados, los médicos, los atletas, los cantantes y los maestros, que tampoco nacen, se hacen. Sabemos que todos nacemos con el potencial para ser líderes, pero eso no garantiza que nos convertiremos en tales. ¿Cuáles son, pues, los ingredientes que se requieren para ser líder?

1. Tener conciencia de quién es uno es saber que vinimos a este mundo a realizar algo por uno y por la humanidad. Para ser alguien en esta vida tenemos que asumir responsabilidad, tanto por nuestra gente como por nosotros mismos, porque Dios nos dio la vida con un propósito.

2. Establecer un propósito es encontrar la razón, el significado de nuestra vida. No podemos construir un edificio sin una intención, sin materiales, sin un plano, sin una visión. Hay que descubrir cuál es el propósito de nuestra vida. La finalidad es la razón para levantarnos todos los días. El líder que tiene un propósito en su vida desarrolla una visión clara que lo guía para ser perseverante aun en los momentos y en las adversidades más difíciles.

3. Desarrollar pasión es el deseo profundo de lograr nuestra meta con el compromiso de guiar a otros, porque hay una visión clara de la vida que nos produce confianza y seguridad. La pasión es la gasolina que, por medio de la perseverancia, nos mantiene con los motores encendidos en la conquista de nuestro propósito.

4. Modelar integridad es mantenernos firmes frente a las adversidades. Este ingrediente es vital, porque incluye autoconocimiento y madurez. El conocernos nos permite reconocer nuestros puntos fuertes y nuestras debilidades. El no conocernos es mentirnos a nosotros mismos y engañarnos, y esto destruye nuestro liderazgo. El líder efectivo sabe quién es él; genera la materia prima, y la calidad de esa materia prima garantiza el desarrollo del líder. Por eso es honesto, es maduro, dedicado y capaz de trabajar con otros.

5. Producir confianza por medio de la integridad es una materia prima fundamental para ser un líder exitoso. Es un atributo que no se puede comprar o tomar prestado; hay que ganárselo. Nos lo da la experiencia que hemos desarrollado con nuestros compañeros y asociados. Sin confianza no podemos ser líderes. La confianza es un producto que lo dan el tiempo, los resultados y la integridad.

6. Mantener la credibilidad es vital. Constituye un producto de los resultados que obtiene el líder. Hay un mensaje que dice que por sus frutos los conocerás. El líder tiene la responsabilidad de sembrar con sus actos, con sus decisiones. Los resultados que consiga generarán la confianza y ésta producirá la credibilidad.

7. Aceptar retos es estar dispuesto a cuestionar las tradiciones, experimentar nuevas ideas, tomar riesgos, tratar nuevas avenidas. Ha de saber administrar los riesgos y así desaparecerán los miedos que producen los cambios acelerados de estos tiempos. La confianza que tiene en su visión le produce la seguridad para enfrentarse sin temor a lo desconocido. Hay que saber que el miedo es paralizante, y no administrarlo es exponerse a no estar listo para tomar las decisiones que hay que tomar. Eso afectará los resultados deseados y el liderazgo ante su gente.

8. Fortalecer las creencias es tener identificados los criterios que fortalecen al líder y los que lo debilitan. Es importante reconocer cuáles son los juicios que hay que cambiar para convertirnos en el líder que aspiramos. Esto nos llevará a fortalecer nuestros valores y la fuerza que nos mueve hasta convertirnos en un líder exitoso. Cuando usted cree que no se puede, tiene razón; y cuando piensa que sí se puede, también tiene razón. La única diferencia es que los resultados serán distintos y en el primer caso su liderazgo se verá afectado ante la opinión de sus seguidores.

9. Saber tomar decisiones es un arte que fortalece su liderazgo. No tomar una decisión es una decisión. Es también saber medir el impacto que traerá una resolución al grupo y que ellos entiendan el porqué se tomó. Es reconocer que las determinaciones que tomamos en el pasado, provocaron el resultado de hoy, mientras que las decisiones que tomemos hoy, definirán el resultado de nuestro futuro.

10. Administrar las emociones fortalece nuestra inteligencia emocional. El no hacerlo es exponerse a perder la influencia y el respeto de su gente. Se ha de saber ser flexible, calmado ante la adversidad y convertir esa adversidad en una oportunidad. El molestarse o irritarse es señal de poco liderazgo.

Hay otros ingredientes que son importantes para desarrollar la fábrica de líderes: (a) el ser un pensador independiente; no dejarse afectar por lo que piensan las multitudes; (b) el saber valorar la participación de todos, pero también que su responsabilidad es tomar la decisión final; (c) el saber manejar las adversidades en una forma creativa, y ver los obstáculos como oportunidades para maximizar su potencial.

El líder efectivo reconoce la importancia de ser veraz. Se considera un conciliador; se le hace más fácil hacer la paz que discutir argumentos. Puede aceptar criterios de oposición a sus puntos de vista y no se ofende por ello. Está dispuesto a compartir ideas y conceptos y mantiene un respeto genuino por las ideas ajenas. Es flexible y acepta a la gente como es.

Después de este análisis de los ingredientes que se requieren para ser un líder, es importante reconocer su potencial para convertirse en uno de ellos en el siglo XXI. El espíritu de este líder es uno de innovación; hace lo que otras personas no hicieron; se adelanta a los tiempos y crea cosas nuevas utilizando las cosas viejas. El líder al cual nos referimos no se propone hacer cosas grandes o convertirse en un líder exitoso para satisfacer su ego. Simplemente aspira a ser líder porque desea vivir su vida al máximo, utilizar su potencial a toda capacidad e inspirar a otros a unirse a él y trabajar juntos en esta jornada de pavimentar el camino para que las futuras generaciones tengan una mejor calidad de vida.

Hay cuatro tipos de personas en el mundo:
1. Los que observan las cosas que suceden.
2. Los que permiten que las cosas sucedan.
3. Los que preguntan qué cosas sucedieron.
4. Los que hacen que las cosas sucedan.

Usted como líder está llamado a provocar que las cosas sucedan. Por eso ha de ser innovador; debe marcar la diferencia, ser original, inspirar y saber por qué tiene que enfocarse en el horizonte y marcar el paso que otros seguirán.

El reto del líder es convertir lo invisible en visible, lo difícil en fácil y lo imposible en posible. Para lograr esto tenemos que revisar nuestras cualidades como líder. Una de estas cualidades es la disciplina: saber decir no cuando recibimos una propuesta que va en contra de nuestros valores y principios. Muchos de mis amigos se asombran cuando me levanto de una reunión y les digo que me tengo que ir a dormir; me miran sorprendidos porque todavía es temprano. Les digo que lo lamento, pero que al otro día tengo que levantarme a las cinco de la mañana porque tengo una conferencia a las siete y debo descansar. Este pequeño ejemplo confirma nuestro compromiso y nuestra disciplina para poder lograr los resultados deseados.

El sentido común juega un papel importante en la vida del líder; en determinar qué es lo mejor, qué es lo excelente y qué debemos hacer. A veces la decisión más insignificante puede costarle la vida, el negocio o la familia.

Conozco a cientos de líderes que por no usar el sentido común, perdieron el respeto y la confianza de su equipo de trabajo. La humildad es una cualidad importante en ese proceso de desarrollo, el saber que mientras más alta sea su posición más humilde debe usted ser. El creerse superior por la posición que ha alcanzado es una característica de un líder inmaduro.

Si usted aspira a ser un líder exitoso, se requiere un compromiso absoluto y responsabilidad para asumir el reto de enfrentarse a grandes desafíos. El crecimiento suyo como líder dependerá del ejemplo que usted sea para su gente. Usted inspirará a otros en una forma eficaz cuando ellos entiendan cuál es la misión que se quiere alcanzar. Recuerde que hay que trabajar. El precio del liderazgo se paga trabajando; no se puede conseguir fiado, ni tampoco se puede pedirles a otros que paguen el precio por usted.

El precio del liderazgo es alto. Los sacrificios que hay que hacer son muchos y continuos. Agradezco siempre a los que me han acompañado en mi jornada como líder: consultor, conferenciante, esposo y papá. Todas las áreas de la vida del líder son marcadas. En mi caso, visito más de treinta ciudades al año. Esto hace que no pueda dormir en mi casa todos los días; tengo que dejar a mi esposa y a mis hijos solos. Gracias a nuestra visión como familia, y a que sabemos que tenemos una misión que cumplir, podemos mantenernos juntos y en armonía.

A veces hay que sufrir por aquellos que se sienten amenazados por nuestra victoria, que piensan que les vamos a desplazar y no pueden comprender que nuestro éxito es la confirmación de que vamos por buen camino. Aprendí hace muchos años a celebrar las victorias y los éxitos de nuestros compañeros. Reconocer sus victorias es también mi éxito personal.

Si aspira a ser líder, tiene que prepararse para aceptar las críticas de los demás; muchas se harán con buenas intenciones y otras por celos del crecimiento y el desarrollo que usted está alcanzando. La presión que se ejerce sobre el líder es enorme cuando hay movimientos que desean influenciarlo para conseguir su apoyo a la causa de ellos. Uno de los precios que hay que pagar como resultado de cumplir con las demandas que presenta la vida diaria del líder, es la fatiga física y mental.

Para soportar dicha fatiga, tenemos que poner en práctica un mantenimiento preventivo, como ejercicios físicos, tomar masajes, tener una buena alimentación, leer materiales que ayuden a nuestro desarrollo y rodearnos de gente que nos enriquezca la vida. Cuando se agotan las baterías es muy difícil hacer el trabajo, porque no contamos con la energía que se requiere. Un líder que no tome unas vacaciones con su familia cada tres meses estará destinado a fallar. Cuando yo trabajaba sin descanso durante un año, la fatiga, el cansancio y la tensión inundaban mi persona y no podía producir los resultados deseados. El tiempo de recuperación era tres veces más que tomar una semana para compartir con mi familia, reevaluar mi plan de trabajo y recargar las baterías. Mientras reviso este libro, por ejemplo, me encuentro con mi familia en Punta Cana Beach Resort, en la República Dominicana.

Quizás usted me dirá: "Sí, J.R., pero yo no tengo los recursos económicos que usted tiene." No le estoy diciendo que haga las maletas y se monte en un avión de vacaciones. Si usted no tiene muchos recursos o mucho tiempo, llene una canasta con frutas, emparedados y una botella de jugo, y márchese a una playa, a un parque o a un lugar tranquilo; relájese con su familia o con alguien que usted aprecie y comparta el día o el fin de semana.

Establezca el compromiso de sacar al menos tres espacios de tiempo durante el año para recargar las baterías. No habrá mejor tiempo invertido. No hacerlo así es exponerse a sobrecargar su organismo, y su efectividad como líder se verá afectada.

Cuando llegamos a una posición de liderazgo, los adversarios se multiplican, lo que trae como consecuencia una tensión extraordinaria. Algunos líderes por su popularidad desarrollan una excesiva confianza en sí mismos, e inclusive cultivan un espíritu de potencia desmedida que resulta peligroso porque produce complacencia y ésta los lleva a una zona de comodidad en que bajan la guardia y crean hábitos negativos que finalmente les restan influencia en su gente.

Sería bueno realizar ahora una evaluación sobre su persona con vistas a evaluar los puntos donde usted es fuerte y las áreas donde necesita ayuda. Recuerde que su transparencia en esta evaluación le ayudará a conquistar el liderazgo al que usted aspira. Tome un lápiz y conteste la evaluación (se encuentra al final de este capítulo). No hay buenas ni malas notas; lo que queremos es hacer un chequeo para definir dónde estamos y hacia dónde vamos.

Este tipo de ejercicio se le debe ofrecer no sólo a las personas que aspiran a ocupar una posición de liderazgo, sino también a nuestros jóvenes, que son nuestros futuros líderes. Es lamentable que nuestro sistema educativo no esté influyendo en nuestros jóvenes a desarrollar su liderazgo, lo que provoca que miles de jóvenes abandonen la escuela y no desarrollen sus actitudes de manera efectiva.

En mi segundo libro, *Somos la fuerza del cambio*, escribo sobre el autoestima. Menciono que los retos que tenemos hoy con nuestra juventud son extraordinarios. En un estudio que se realizó en la década de los sesenta, les preguntaron a los directores de escuelas cuáles eran los problemas más comunes entre sus estudiantes. Ellos contestaron que los estudiantes no asistían a las clases, mascaban goma, hablaban en las aulas y no hacían sus tareas.

Esa misma pregunta se la hicieron a los directores de escuelas de la década de los noventa y ellos respondieron que sus problemas eran mucho más serios; que la deserción escolar era enorme, especialmente en el mercado hispano; que se usaban y se vendían drogas en las escuelas; que las niñas salían embarazadas y se convertían en niñas criando niños, creando de este modo una situación crítica tanto para el niño recién nacido como para su familia; además, el aprovechamiento en las matemáticas, en la lectura y en la escritura era deficiente, es decir, muy por debajo en comparación con otros países como Japón, Inglaterra y Alemania.

Estamos hablando de una crisis de liderazgo grave que se refleja en nuestro sistema educativo, pero que también socava toda la estructura de nuestra sociedad, nuestro gobierno y nuestras familias.

Tenemos que usar todos los recursos disponibles para poder garantizar que en el futuro no tendremos una sociedad huérfana de líderes. Necesitamos líderes que puedan ser modelos de una vida balanceada, que asuman responsabilidad y tomen decisiones con conciencia de que éstas no sólo van a afectar la vida nuestra, sino también la de nuestros conciudadanos.

Nuestra responsabilidad como líder es promover cambios efectivos para producir mejores resultados. Los primeros cambios que debemos realizar son los nuestros, los internos, en nuestros criterios, valores y principios. Muchas veces queremos cambiar el mundo, pero no estamos dispuestos a cambiar nosotros. Con nuestros cambios influiremos mejor en nuestra gente. Lo reto a que no pierda tiempo y se enfoque en las áreas que usted quiere cambiar. Utilice todos sus recursos y encontrará un proceso que lo llevará a convertirse en un modelo que inspire a su gente a apoyarlo en sus proyectos.

Recuerde que una de sus responsabilidades es producir cambios. Sea genuino en evaluar su realidad, sus recursos, su propósito y enfóquese en su visión. Trabaje luego sin descanso hasta hacerla realidad.

Autoevaluación sobre su liderazgo

	Sí	No
1. ¿Tengo una clara visión como líder?		
2. ¿Me gusta servir a la gente?		
3. ¿He cumplido mis metas?		
4. ¿Estoy dispuesto a aprender?		
5. ¿Soy íntegro, honesto y sincero?		
6. ¿Sé comunicar mi visión?		
7. ¿Sé administrar mi tiempo?		
8. ¿Transmito entusiasmo?		
9. ¿Sé asumir responsabilidad?		
10. ¿Me enfoco en los resultados?		
11. ¿Aprendo de mis errores?		
12. ¿Me gusta la excelencia?		
13. ¿Sé tomar riesgos?		
14. ¿Soy flexible?		
15. ¿Creo en la gente?		

Marque los puntos donde usted se siente fuerte y subraye los aspectos que piensa que debe mejorar. Recuerde que su liderazgo estará en continuo crecimiento. Usted será el responsable de crecer en las áreas en que necesita hacerlo. Identifique personas que han desarrollado su liderazgo y consiga apoyo de ellas para acelerar el progreso del suyo.

Capítulo 3

Cómo trabajar con personas difíciles

Uno de los mayores retos del líder es trabajar con personas difíciles. Durante estos últimos veinte años compartí con cientos de individuos y desarrollé varias estrategias para tratar con personas de carácter complicado. Lo primero que tenemos que aceptar es que somos diferentes. Dios nos hizo distintos y nos dio libre albedrío. Y nos otorgó la capacidad de imaginar, visualizar, razonar y crear.

Cuando ocurre un accidente, los implicados van al tribunal; las personas que vieron el evento lo narran desde su punto de vista, pero el juez tiene la última palabra para decidir quién es el culpable. Lo mismo sucede cuando usted en su trabajo da determinadas instrucciones a alguien y esa persona las ejecuta según su particular entendimiento. La diferencia consiste en que no tenemos un juez a mano para obligarlo a que cumpla correctamente con nuestras indicaciones.

Uno de los primeros requisitos para trabajar con personas difíciles es establecer una buena comunicación. ¿Qué es lo que nos proponemos hacer? ¿Por qué es importante hacer tal cosa? ¿Qué beneficios vamos a obtener si logramos nuestro propósito?

La comunicación es algo que parece sencillo, pero no lo es. Las personas tienen muchas situaciones que les impiden comunicarse con efectividad. Una de ellas es la cantidad de experiencias, referencias, opiniones y creencias que, aunque hayamos llegado a un acuerdo en nuestra conversación, acuden al pensamiento como un bombardeo constante de sentimientos y emociones que puede hacerle cambiar de criterios en muy pocos segundos.

Este proceso se complica cuando sabemos que la persona que estamos tratando de ayudar, o de conseguir que nos ayude, tiene la capacidad de guardar un promedio de trescientas mil horas grabadas en su subconsciente. Muchas veces estas experiencias y conocimientos se convierten en una muralla de acero porque la mayoría se enfoca en los problemas y no en las soluciones. Las personas de éxito tienen una característica: no invierten más del diez por ciento de su tiempo en los problemas, mientras que el restante noventa por ciento de su tiempo lo emplean en las soluciones de sus problemas. La verdad es que nos programamos para evaluar las situaciones que tenemos que vivir de acuerdo con las referencias y experiencias que en el pasado hemos vivido.

Muchas veces funcionamos como un piloto automático. Eso me hace recordar uno de mis viajes a Brasil. Allí pude disfrutar de una gran cantidad de restaurantes que prepararon un sinnúmero de platos exquisitos. Precisamente la palabra "exquisito" en Brasil significa una cosa rara, en tanto que para nosotros en el Caribe, significa algo rico o delicioso. Durante los seis días que estuve en el país, utilicé sin pensar el vocablo "exquisito", a pesar de que sabía que no era la palabra correcta. Lo mismo les sucede a las personas con otros asuntos más relevantes; se programan para hablar utilizando unas palabras en particular y luego las relacionan de manera automática.

Se requiere un proceso de aprendizaje para poder cambiar el comportamiento de las personas. Requiere deseo, disciplina, flexibilidad y compromiso para poder cambiar.

Uno de los ejemplos que utilizo en nuestro seminario es el del elefante. A este animal lo acondicionan para que no se mueva. Usted va a un circo y ve a ese elefante grande y poderoso que pesa miles de libras que apenas se mueve. Lo tienen amarrado a una estaca con una soga que mide unos cuantos metros. ¿Por qué esto es así? Cuando el elefante es pequeño, lo amarran a un árbol bien grande con una fuerte cadena; el elefante trata de soltarse y le toma cierto tiempo percatarse de que no puede moverse; sus patas le empiezan a doler y a sangrar. Se convence de que es imposible moverse y toda su vida quedará acondicionado por esa creencia, aunque tiene la fuerza para llevarse el circo si así lo decide.

Otro ejemplo interesante es el árbol *bonsai*. Este tipo de árbol no crece más de dieciocho pulgadas. Cuando es pequeño le cortan las raíces para que no crezca. El *bonsai* parece que es un árbol artificial, pero la verdad es que es real. A muchas personas le sucede lo mismo cuando se enfocan en hacer una actividad de una misma manera y no consideran otra alternativa. No ven variantes porque están enfocadas en el problema y no en la solución.

Como líderes tenemos que estar conscientes de que nuestra primera responsabilidad es conocer a las personas, sus creencias, valores, referencias y experiencias, para poder armonizarlas con nuestros objetivos. Claro que esto no se puede hacer en una conversación de diez minutos, pero debe ser una de nuestras metas, con vistas a desarrollar una relación profunda.

Cuando hablamos de trabajar con personas difíciles, lo primero es estar alerta. Debemos observar muy bien a las personas. Recuerde que el cincuenta y cinco por ciento de la comunicación consiste en una comunicación corporal.

Cuando alguien está cargado, deprimido, ansioso o preocupado, usted lo puede percibir en los primeros treinta segundos. Lo puede notar porque su piel se ve muy tensa, sus cachetes están caídos, su frente está ceñuda, sus párpados están caídos. Cuando por el contrario la persona está motivada, usted ve que sus pómulos están levantados, su sonrisa transmite confianza y camina con paso firme, puesto que sabe hacia dónde se dirige.

Otro punto importante es el tono de voz, ya que representa el treinta y ocho por ciento de la comunicación. El tono de la voz transmite el estado emocional. Muchas veces le pregunto a una persona cómo se encuentra, y me contesta sin entusiasmo: "Ahí, como Dios quiere, muriéndome." Entiendo que Dios no quiere que se muera. Pero su estado emocional me anuncia que se siente sin fuerza. Hace algún tiempo que cambié la pregunta "¿cómo se siente?" por "¿qué cosas buenas están pasando?" Esta última pregunta lleva a la persona a desentenderse de la adversidad y la motiva a identificar las cosas buenas que tiene dormidas dentro de sí.

El poder trabajar con personas difíciles es un arte. No sólo se trata de observar el movimiento de los ojos, de la boca, de las manos o los hombros. Tenemos que ser sensibles al espíritu de la persona; conocer con qué intención alguien se nos acerca, cuál es el objetivo de las preguntas que nos hace, qué intención tiene la invitación que nos está haciendo. ¿Cuál es el propósito de su comentario, por ejemplo, acerca de una persona que estimamos o queremos mucho? La sabiduría que da Dios no tiene comparación a la hora de trabajar con personas difíciles.

Todos los días estoy frente a situaciones no planificadas. Muchas veces tengo que tomar decisiones por "control remoto", debido a que viajo varias veces durante el mes y en la práctica trabajo en doce ciudades a la vez. Muchas veces tengo que laborar con personas de distintas creencias, culturas y tipos de negocio. Esto requiere escuchar con detenimiento y no apresurarse a contestar. Este era un hábito que me quitaba fuerzas, pero gracias a Dios ya lo pude superar.

Cuando uno está trabajando con personas difíciles, debe establecer de inmediato el objetivo de la conversación con esa persona. ¿Qué necesita? ¿Cómo le puedo ayudar? ¿Cuáles son las creencias que le dan fuerza? ¿Cómo puedo ser un facilitador? Este tipo de preguntas le ayudará a desarrollar una actitud de cooperación y la persona va a sentir que usted está en disposición de facilitarle y enriquecerle la vida.

Es sorprendente la cantidad de individuos que, sin usted haberle hecho daño o sin ni siquiera conocer, son sus enemigos gratuitos. Recientemente, en uno de nuestros seminarios, se me acercó una señora durante el receso y comenzó a darme vueltas, mientras yo contestaba preguntas y firmaba algunos libros. Finalmente, la señora se anima y me dice: "A mí me han dicho que usted es de la Nueva Era." Para los que no conocen, la Nueva Era es un movimiento que proclama que usted es como Dios, porque Dios lo hizo a usted semejante a Él. Es decir, que usted no tiene que someterse a Dios, porque usted es Dios.

Realmente son unos conceptos que pueden confundir a una persona que no esté clara con los principios cristianos. Después de escuchar el comentario de la señora, le respondí que eso no era cierto y le pregunté si había leído mis libros *Motivando a nuestra gente* y *Somos la fuerza del cambio* publicados por Editorial Vida, la cual es una casa que lleva más de cincuenta años editando materiales con principios cristianos. Le recomendé que los leyera, y si encontraba alguna información que contradijera algún principio cristiano, me lo dejara saber.

Fue bien confortante cuando al mes siguiente la misma señora me escribía una carta disculpándose y felicitándome porque había leído mis libros y consideraba que habían sido una bendición para su vida.

Otro aspecto decisivo es saber reconocer el carácter de las personas. No todo el mundo reacciona igual ante lo que usted comunica. En *Somos la fuerza del cambio* hablo de la importancia de reconocer el carácter. Y en esta ocasión voy a darle unas herramientas que le ayudarán a entender mejor a las personas y a detectar cuáles son los puntos fuertes y débiles de cada carácter. Comencemos identificando los cuatros tipos de caracteres:

1. Dominante. Este tipo persona tiene un carácter fuerte; le gustan los retos y trata de conseguir resultados rápidos. Muchas veces es impaciente y toma decisiones pensando en los resultados que desea conseguir. Se enfoca en el presente, escucha poco, toma control de la conversación y no para de hablar. Regularmente transmite ansiedad y, cuando está bajo presión, es autocrático, es decir, da una especie de golpe de estado y establece qué es lo que hay que hacer.

2. Influyente. Es un carácter divertido, simpático, alegre; alguien que siempre tiene algo que contar. Regularmente es un excelente relacionista público. Le gusta la visibilidad, que se le reconozca, que las personas lo sigan voluntariamente. Se enfoca en el futuro; no ha terminado una meta y ya está hablando de lo que hará el próximo mes o el próximo año. No puede decir no por temor a que la otra persona se sienta mal, lo cual hace que muchas veces no pueda cumplir con los compromisos contraídos. Cuando está bajo presión, ataca. Por ejemplo, en ocasiones reclama que después de ayudar a otros tantas veces, nadie lo ayuda a él.

3. Sólido. Es una persona muy especial; callado, muy leal, complaciente. Le gusta apoyar para ayudar a conseguir las metas que otros se han propuesto. No aprecia el reconocimiento; sin embargo, le gusta que se le atienda. Es muy bueno para escuchar. Tiene capacidad para integrar y unir a personas para trabajar en grupo. Se enfoca en el presente y toma decisiones pensando en lo que piensa la mayoría. Cuando está bajo presión no le gusta la confrontación, se retira y sacrifica los proyectos establecidos.

4. Condescendiente. Es una persona muy exigente; le gusta la calidad. Sabe identificar los errores sin dificultad. Tiene capacidad para escuchar y apoyar a las demás personas. No se compromete con facilidad; es cauteloso y necesita mucha evidencia. Toma decisiones lentamente y tiene tres velocidades: lento, lentísimo y parado. Cuando está bajo presión accede para no crear problemas, pero no se da por vencido con facilidad.

A continuación usted contará con un listado de los puntos fuertes y los puntos débiles de cada tipo de carácter. Lea con detenimiento y seleccione cuáles adjetivos lo describen mejor a usted. Déle a cada uno un valor de un punto (1) y sume cada columna. Los dos números más altos describirán su carácter.

Carácter dominante

Puntos fuertes	Puntos débiles
aventurero	mandón
persuasivo	insensible
fuerte	resistente
competitivo	franco
confiado	impaciente
positivo	indiferente
seguro	testarudo
franco	orgulloso
enérgico	discutidor
emprendedor	nervioso
confidente	dominante
independiente	intolerante
decisivo	manipulador
tenaz	obstinado
líder	imprudente
jefe	astuto
Puntuación ___4___	Puntuación ___1___

Carácter influyente

Puntos fuertes	Puntos débiles
animado	descarado
humorístico	indisciplinado
sociable	repetitivo

Cómo trabajar con personas difíciles

convincente	olvidadizo
refrescante	interruptor
promotor	imprevisible
espontáneo	caprichoso
optimista	permisivo
gracioso	fácil enojo
muy amable	inocente
alentador	desordenado
inspirador	inconstante
demostrativo	desorganizado
hablador	ostentador
popular	atolondrado
alegre	inquieto
encantador	cambiante
Puntuación 6	Puntuación 4

Carácter sólido

Puntos fuertes	Puntos débiles
adaptable	vago
pacificador	desanimado
sumiso	reacio
controlado	temeroso
reservado	indeciso
paciente	no participa
tímido	inquieto
obligado	sencillo
amigable	a la deriva
diplomático	indiferente
complaciente	no habla claro
inofensivo	lento
humorístico	ocioso
tolerante	comprometedor
mediador	preocupado
Puntuación 7	Puntuación 9

Carácter condescendiente

Puntos fuertes	Puntos débiles
analítico	tímido
persistente	no perdona
sacrificado	resentido
considerado	molesto
respetuoso	inseguro
planificador	impopular
programado	inconforme
ordenado	pesimista
fiel	aislado
detallista	depresivo
educado	introvertido
idealista	criticón
profundo	escéptico
cuidadoso	sospechoso
leal	vengativo
perfeccionista	inestable
Puntuación ___3___	Puntuación ___2___

En la siguiente tabla encontrará un resumen de los cuatro caracteres. Se identifican sus puntos fuertes y débiles; qué los motiva a cada uno de ellos; cómo administran su tiempo; cómo toman decisiones; cómo se comunican; y cómo se relacionan cuando están bajo presión.

Sería provechoso que le diera la anterior evaluación a su equipo de trabajo, de manera que cada uno conociera sus puntos fuertes y débiles y en qué áreas son efectivos.

Para trabajar con personas difíciles tenemos que ser flexibles, porque el comportamiento de otras personas puede determinar nuestro propio éxito. Muchas veces las cosas no salen como planificamos. Es un problema muy común. Lamentablemente no se pueden lograr los resultados deseados debido a que la comunicación no es la más correcta y no podemos contar con la cooperación de nuestros asociados.

Existe mucha información sobre la naturaleza humana, y es tan variada que sólo podemos identificar patrones a grandes rasgos, pero

PERFIL DE CADA CARÁCTER

Resumen de la evaluación del carácter. En esta tabla encontrará un resumen de los cuatros caracteres identificando los puntos fuertes y débiles; qué los motiva a cada uno; cómo administran su tiempo; cómo toman decisiones; cómo se comunican; y cómo se relacionan cuando están bajo presión.

	Dominante	Influyente	Sólido	Condescendiente
Valor para el equipo	Toma iniciativa	Se relaciona con otros	Seguimientos especiales	Se concentra en los detalles
Puntos fuertes	Se enfoca en los propósitos y lleva a cabo sus proyectos	Entusiasma, motiva y envuelve a otros	Habilidad para integrar al grupo	Exactitud al analizar la información
Debilidades	Insensible hacia otros; impaciente	Impulsivo; se desenfoca y no ve los detalles	Sacrifica los resultados por la armonía	Demasiado cauteloso; detallista; pierde la noción del tiempo

	Dominante	Influyente	Sólido	Condescendiente
Motivado por:	Resultados; retos; acción	Reconocimiento; aprobación; visibilidad	Relaciones; apreciaciones	Estar en lo correcto; calidad
Administración del tiempo	Se enfoca en el presente; emplea bien el tiempo	Se enfoca en el futuro; corre hacia lo inmediato	Se enfoca en el presente; invierte tiempo en las relaciones	Se enfoca en el pasado; trabaja despacio; busca perfección
Comunicación	Inicia la conversación; no es buen oidor	Estimulante; inspira a otros	Comunicador eficaz	Buen oidor; sigue instrucciones
Toma de decisiones	Impulsivo; toma decisiones con el objetivo en mente	Intuitivo; piensa en la victoria	Depende de la opinión de otros	Cauteloso; necesita evidencias
Conducta bajo presión	Autocrático	Ataca	Accede	Evita

no tenemos una fórmula para trabajar con todo el mundo de la misma forma. Esto nos lleva a pensar que el estilo de liderazgo será diferente en cada individuo; aun cada persona puede variar su estilo de acuerdo con la situación que tenga que enfrentar.

Para trabajar con personas difíciles es necesario saber influir en el comportamiento de ellas; saber que las personas no son estáticas, sino más bien cambiantes. Esta es una realidad de la vida y el liderato suyo ayudará a fortalecer a esa persona para que tenga un verdadero cambio de actitudes.

Es oportuno puntualizar bien la diferencia conceptual entre gerencia y liderazgo: *Gerencia* es trabajar con otras personas para lograr las metas de la organización y cumplir con unos objetivos en un tiempo determinado. *Liderazgo* es influir en el comportamiento de las personas, motivar a las personas para que las cosas sucedan.

Esto quiere decir que cuando tenemos la capacidad de influir en otros, podemos conseguir su apoyo sin estar frente a ellos. Para lograr esto, debemos desarrollar tres destrezas necesarias:

1. Entender el comportamiento pasado de la gente. Reconocer por qué la persona hizo lo que hizo y cuáles fueron los valores que la motivaron a actuar.

2. Predecir el comportamiento futuro de la persona. Saber cómo podrían reaccionar en una situación determinada, en un ambiente cambiante y bajo ciertas presiones sociales, económicas y políticas.

3. Dirigir, controlar y cambiar el comportamiento del presente. Como líderes estamos llamados a influir en la forma de actuar de nuestra gente. El hacer esto nos convierte en líderes efectivos que traducimos los pensamientos y las intenciones en resultados.

Muchas personas tienen un conflicto porque piensan que las están manipulando o, si es un líder, piensa que él está manipulando a su gente. Es interesante conocer que existen dos tipos de manipulaciones:

1. Manipulación negativa: significa utilizar técnicas de influencia para aprovecharse en forma injusta y para el beneficio propio.

2. Manipulación positiva: la utilización de técnicas, de influencias, en una forma justa y con vistas al logro de metas que son beneficiosas para todos.

La palabra "manipulación" para muchos tiene una connotación negativa. Pero personalmente la visualizo como el proceso que facilita entender, predecir e influir en el comportamiento de las personas y conseguir los resultados deseados.

Para trabajar con personas difíciles tenemos que aprender a influirlas. Esto no es tarea fácil. Podemos conseguir influir a una persona que esté comprometida a hacer el trabajo, aunque no necesariamente sea competente para desempeñar el trabajo. Podemos tener muchos seguidores y esto nos califica como líderes, pero si los que nos siguen no están preparados para realizar el trabajo, los resultados finales no serán los mejores.

Existe un sinnúmero de factores que pueden afectar y crear cambios en las prioridades y en los resultados deseados. Tenemos que trabajar con el liderato situacional, que conduce al líder, o a su equipo de trabajo, a moverse de acuerdo con las circunstancias que se le presenten. Debemos reconocer lo siguiente:

1. El papel del líder. El líder influye en cada situación; su comportamiento impacta en las actitudes de su equipo de trabajo porque es quien establece las reglas de juego.

2. El equipo de trabajo. Se trata de personas que tienen sus actitudes y reaccionan a cada situación, primero individualmente y luego de manera colectiva, desarrollando un comportamiento previsible. La labor del líder es armonizar las creencias, los valores y las actitudes para mantener a su equipo de trabajo unido y con una visión común.

3. La cultura organizacional. Son los valores y el comportamiento que diferencian una organización de otra. La gente desarrolla unas características. Tiene unas tradiciones y una historia que describen su cultura.

4. La demanda de trabajo. Son las tareas que hay que realizar. Si las personas no están dispuestas a llevarlas a cabo, tenemos que ejercer influencia para que cambien sus creencias y conviertan el trabajo en algo emocionante.

5. La capacidad para realizar el trabajo. Esto se puede definir como la habilidad y el deseo que tiene la persona para completar una tarea.

Habilidad: El conocimiento, la experiencia y la destreza de una persona para realizar una tarea en particular.

Deseo: El compromiso, la confianza y la motivación que tiene la persona para realizar la labor.

Aunque habilidad y deseo son dos cosas distintas, ambas forman un sistema interactivo de influencias, y una afecta a la otra de forma directa. En la medida que la persona tiene confianza, compromiso y motivación, se fortalecen sus habilidades para realizar la labor.

La habilidad y el deseo crean distintos niveles de disponibilidad:

Nivel 1. No hay habilidad y no hay deseo. La persona no está diestra y le falta compromiso y motivación. Ejemplo: Un empleado que lleva veinte años en la organización y le solicitan que se prepare para trabajar con una computadora puesto que la organización va a mecanizar todos sus procesos. El empleado no está dispuesto, no tiene confianza y piensa que no es necesario aprender a trabajar con una computadora ya que él ha hecho su trabajo en una forma excelente sin usarla.

Nivel 2. No hay habilidad, pero sí hay el deseo. La persona no tiene la habilidad, pero está motivada y hace el esfuerzo por aprender. Tiene confianza en que si consigue a alguien que le enseñe, podrá aprender a dominar la computadora.

Nivel 3. Tiene la habilidad, pero no tiene el deseo. Sabe escribir a máquina, pero no tiene el deseo de aprender a trabajar con la computadora. Piensa que es difícil, pero una vez que comienza a tomar las clases, supera el miedo y desarrolla un deseo positivo hacia el proceso.

Nivel 4. La persona está dispuesta y tiene el deseo de comenzar el trabajo. Ejemplo: Es quien está tan entusiasmado que le comenta a todo el con quien se encuentra que pronto comienzan sus clases de computadora. Está entusiasmado porque sabe que este proceso le ayudará a crecer y a simplificar su trabajo.

Los líderes efectivos saben cómo adaptar sus estilos al tratar de influir en el comportamiento de su gente. No existe un modelo universal de efectividad en el liderato. Estamos trabajando con personas; con factores variantes, con emociones, con cambios en el mercado y en la economía. El líder exitoso en el trato con personas difíciles tiene que ser flexible y entender a su gente y sus necesidades. Debe lograr motivarlas para que voluntariamente lo apoyen en la tarea de alcanzar las metas que se ha propuesto.

Capítulo 4

Para fortalecer su inteligencia emocional

El líder del siglo XXI tendrá tantos retos como oportunidades. Los cambios a los que tendrá que enfrentarse serán tan rápidos que se verá forzado a tomar decisiones veloces, con la agravante de que sus disposiciones serán evaluadas constantemente.

Uno de los mayores retos del líder en el siglo XXI será administrar sus estados emocionales y fortalecer su inteligencia emocional. Las primeras preguntas que debemos hacernos son éstas: ¿Qué es la inteligencia? ¿Por qué será que algunos son excelentes estudiantes, magníficos empleados y pasan a trabajar para otros que no tienen tan buenas notas? ¿Por qué otros son excelentes profesionales, en tanto que son un fracaso en sus relaciones interpersonales?

Los estudiosos de la conducta humana han llegado a la conclusión de que el líder exitoso es aquel que puede establecer un balance entre su inteligencia emocional y su inteligencia intelectual. Es bien interesante cuando uno conoce la diferencia entre una y otra y las utiliza para desarrollar una vida balanceada.

Debemos saber lo que es la inteligencia. Podemos definirla como la capacidad que usted tiene para responder con sus habilidades, talentos y experiencias a las situaciones que se le presentan todos los días. Es la capacidad de tomar decisiones cuando muchas veces no tenemos toda la información, pero la conciencia nos dicta cuál es el mejor camino.

Debemos reconocer que como líderes somos muy inteligentes en unos momentos y en otros necesitamos ayuda para poder seguir hacia adelante. Se ha establecido que tenemos dos clases de inteligencia: la inteligencia intelectual y la inteligencia emocional.

La inteligencia intelectual nos la enseñan en la escuela. Nos enseñan a pensar, a meditar, a reflexionar, a conocer los significados, a utilizar la lógica. Somos adiestrados para dominar unos conocimientos de mucho valor, pero que no necesariamente nos garantizan una calidad de vida, ni tampoco nos llevan a establecer buenas relaciones con los demás.

La inteligencia emocional nos la enseña la vida diaria, nuestras experiencias, la familia, los caracteres de nuestros padres. Muchas veces tomamos nuestras decisiones de una forma rápida y nuestros sentimientos nos llevan a actuar, a movernos, sin pensar en las consecuencias.

Es importante conocer que la emoción es un estado mental que nos produce un sentimiento de pasión, de agitación o de excitación. Hay emociones que nos debilitan, nos quitan fuerza, como la ira, el resentimiento, la tristeza, la depresión, la ansiedad, la preocupación, el miedo, la vergüenza y otras parecidas. En *Motivando a nuestra gente* escribo sobre la importancia de mantenerse en "dieta mental". Se ha comprobado que cuando usted está rodeado por situaciones adversas, su energía disminuye, se siente insuficiente y se nubla su entendimiento.

Hay emociones que nos dan fuerza, nos llenan de entusiasmo, de energía y confianza, como lo son la felicidad, el amor, la confianza, la alegría, la simpatía, el placer, la satisfacción y otras. Como parte de la dieta mental recomiendo que usted en la mañana se haga unas preguntas para comenzar el día, tales como: ¿qué me hace feliz hoy?, ¿de qué me siento orgulloso?, ¿qué personas enriquecen mi vida?, y otras. Estas preguntas tienen la intención de orientar a su sistema nervioso hacia las emociones que le dan fuerza. Cuando usted se hace una de estas preguntas, en veinte milésimas de segundo queda identificada la respuesta y fortalecido su estado emocional.

Muchas veces los sentimientos afectan nuestra vida. Por ejemplo, las personas celosas tienen una crisis porque su compañero o compañera está dando indicios de que las cosas ya no son como antes. Sería oportuno mencionar que los divorcios están afectando a nuestras familias de una forma tremenda; solamente en los EE.UU. el cincuenta por ciento de los matrimonios se está divorciando.

Tomemos el ejemplo de una pareja que tiene conflictos. La persona se siente decaída, sin sentido de la vida; le parece que el mundo se le está acabando y produce pensamientos de derrota y depresión. Su estado sicológico es de desaliento.

Otra área que se afecta es el estado biológico de la persona. Se pone nerviosa, se altera, se preocupa y no puede pensar con claridad. La preocupación se define como la práctica de *ocuparse* anticipadamente. Muchas veces la persona filma unas películas imaginariamente, y después de un tiempo se da cuenta de que nada de lo que imaginó tenía real fundamento.

Todo este proceso afecta la conducta de la persona. Muchas veces puede hasta atentar contra su compañero o su rival. Hoy día se han duplicado los asesinatos pasionales y esto se debe a que las personas no han aprendido a administrar sus estados emocionales. Es de vital importancia reconocer que el ser humano tiene que balancear todas las áreas de su vida, tanto la física y la emocional como la mental y la espiritual.

Para desarrollar la inteligencia emocional tenemos que aprender a desactivar todas las turbulencias emocionales que nos afectan. Hay pensamientos que nos sabotean, como el afán de recibir reconocimientos, conseguir la perfección o tener una supuesta seguridad financiera garantizada. Estamos viviendo unos días en que las personas tienen altos grados de ansiedad por conseguir las soluciones a los problemas que les afectan. Pierden el contacto con la realidad porque se enfocan en el problema y no en la solución. Muchas veces son inflexibles cuando las cosas no son como ellos quieren, y desarrollan una actitud de demasiadas exigencias porque creen merecerlo todo.

El líder del siglo XXI deberá tener consciencia de que su mayor reto es trabajar con las personas. Tiene que conseguir que ellas le sigan voluntariamente, porque él se ha ganado el respeto, el cariño y la admiración de su gente. Este líder tendrá la responsabilidad de levantar el espíritu de su gente y de lograr que sus pensamientos y sus sentimientos se transformen en acción. Este líder tendrá la habilidad de ayudar a su gente a convertir lo invisible en visible, lo difícil en fácil y lo imposible en posible. Para lograr tal cosa, necesitamos convertirnos en servidores, en maestros, en entrenadores y en amigos de la gente.

Pero más importante aun es reconocer la diferencia entre la inteligencia emocional y la inteligencia intelectual:

Inteligencia emocional vs.	Inteligencia intelectual
Orientada hacia gente	Orientada hacia el yo
Se enfoca en las personas	Se enfoca en los hechos
Toma decisiones según lo siente	Toma decisiones lógicas
Se dirige por los sentimientos	Se dirige por la razón
Es rápida e impaciente	Es lenta y no tiene prisa
Decide a base de la experiencia	Decide a base de los datos
Cree en su decisión	Medita y revisa su decisión

La inteligencia emocional requiere que su comunicación interpersonal e intrapersonal sea balanceada. La comunicación interpersonal se refiere a ser sensible a los estados de ánimo de las personas que comparten con usted: cómo actúan, cómo piensan y por qué se comportan de esa manera. La comunicación intrapersonal es saber leer los sentimientos propios, reconocer que éstos nos están tratando de comunicar algo y que detrás de esos sentimientos hay una gama de situaciones, experiencias, creencias y valores que nos llevan a ver las situaciones de una manera en particular. Las preguntas que usted debe estar haciéndose son: ¿Cómo puedo fortalecer mi inteligencia emocional? ¿Cuáles son los pasos a seguir?

Cinco habilidades para desarrollar su inteligencia emocional

1. *La primera habilidad es el autoconocimiento, el conocerse a sí mismo.* Es importante reconocer que usted es un original; no hay una reproducción suya entre los seis mil millones de personas que viven en el planeta tierra. El conocerse implica saber contestarse quién es uno. ¿Quién soy yo?, me pregunta usted. Pues soy un hijo de Dios que a pesar que nos hizo diferentes, me construyó igual a usted: Tengo 208 huesos, 500 músculos, 7.000 nervios, puedo respirar 2.400 galones de oxígeno diariamente, puedo hablar unas 150 palabras por minuto, puedo escuchar 400 palabras por minuto, es decir... soy un milagro.

Tengo una esposa extraordinaria con la cual llevo veinte años de casado. Hemos procreado dos niños preciosos y saludables, José

Ramón III y Pablo José. Somos una familia preciosa, que nos da fuerzas para levantarnos todos los días a trabajar y cumplir con nuestros compromisos profesionales. Anualmente visito más de treinta ciudades en los EE.UU., Latinoamérica y el Caribe presentando nuestros seminarios, conferencias y talleres. Durante los pasados ocho años les he hablado a más de doscientas cincuenta mil personas.

Me apasiona saber que mis libros hayan ayudado a miles de personas a fortalecer su vida emocional, intelectual y espiritual. Es importante que usted se conteste esta pregunta: ¿Quién soy yo? Tome un papel y un lápiz y escriba un párrafo que explique quién es usted, como primer paso para conocerse a sí mismo.

Otro paso importante es definir el significado de su vida. Esta pregunta es vital porque el mayor problema que tienen las personas es una autoestima baja. Se desvalorizan, se ven como personas insignificantes. Este es un error imperdonable. Si usted cree en Dios, sabe que la Biblia nos dice que Él nos hizo a su imagen y semejanza. No podemos tener una alta inteligencia emocional si no tenemos una saludable opinión sobre nosotros mismos. Su autoestima es como una radiografía suya, donde usted se ve a sí mismo.

Para desarrollar una buena imagen de sí mismo, tiene que tener confianza en sí mismo, en su potencial, en sus talentos y habilidades. Debe poseer seguridad en su persona. Quizás lo que usted se esté diciendo sea: Sí, pero yo he oído esto muchas veces y se me hace imposible creer en mí... Así me han dicho cientos de los participantes en nuestros seminarios. La verdad es que tenemos que reconocer que en nuestro sistema nervioso están grabadas miles de horas de vida; en su subconsciente hay grabadas miles de experiencias, conocimientos, datos y recuerdos de muchos momentos de su vida.

Se afirma que la persona que tiene cuarenta años acumula unas trescientas cincuenta mil horas grabadas en su subconsciente. El problema es que desde muy pequeños nos hablan de que no servimos para nada, de que no nos atrevamos a soñar porque somos pobres. Muchas veces no hemos terminado nuestros estudios o hemos fracasado en el matrimonio. Lamentablemente nos enfocamos en las adversidades y no en las bendiciones.

Lo importante no debe ser lo que nos sucedió, sino cómo nos levantamos para pavimentar el camino, para desarrollar una mejor calidad de vida.

Otro punto importante para desarrollar una autoestima saludable es tomar decisiones. Pues el no tomar una decisión es también haber tomado una decisión. Hoy usted está invitado a reorganizar su vida para comenzar de nuevo. A mí, personalmente, no me preocupa su pasado. Yo aprendí el 31 de agosto de 1980, a las nueve de la noche, un mensaje del apóstol Pablo: "Todas las cosas viejas pasaron y al que acepte al Señor Jesucristo, todas las cosas le serán hechas nuevas." Este mensaje me quitó diez mil libras de peso e inmediatamente me sentí libre para comenzar una nueva vida.

Claro está que después de este evento tuve que trabajar con mis actitudes, hábitos, creencias y valores. Me di cuenta de que no era fácil, porque me había acondicionado a pensar de una manera en particular. Tenía muchas horas vividas, pero aquella decisión había cambiado mi destino. Hoy es el resultado de las decisiones que usted tomó en los pasados cinco años, en tanto que su futuro será el resultado de las decisiones que tome hoy. La calidad de sus decisiones producirá su calidad de vida.

Cuando uno tiene una autoestima saludable sabe tomar iniciativas. Se mueve con la confianza de que va por el camino correcto y tiene la seguridad de que podrá realizar esas metas y esos sueños que en un momento se veían bien lejanos y que hoy pueden estar cerca. Lo invito a que se atreva a soñar.

Lo invito a que cambie su vida. ¿Se atreve? Aquel que se atreve a sembrar un deseo claramente definido en su corazón y confía en lograr la perseverancia necesaria para luchar por ese deseo, podrá visualizar su conquista. Desarrollará un compromiso absoluto que lo llevará inevitablemente a alcanzar sus sueños. Sencillamente lo que piense será suyo; lo que siembre, eso recogerá. Siembra tus grandes sueños y recogerás grandes resultados.

Las personas que tienen una autoestima saludable saben lo que quieren conseguir, saben los resultados que quieren producir y se orientan para invertir su energías, conocimientos y recursos en alcanzar sus objetivos. Son personas de acción, saben lo que hay que hacer y están dispuestos a pagar un precio.

Antes de comenzar un proyecto, dichos individuos saben cómo conseguir los resultados deseados. Identifican los conocimientos que necesitan para alcanzar sus objetivos. Tienen la capacidad de evaluar los cambios que deben producir en su persona para conseguir lo que desean y trabajan con sus creencias como un mapa que luego los lleva a alcanzar sus sueños. Poseen la destreza de ser flexibles a la hora de corregir lo que no es perfecto o de adaptarse a las situaciones no planificadas.

Para conocerse a sí mismo es necesario establecer una misión y una visión en la vida de uno. Saber en qué persona se quiere uno convertir y cuál es la contribución que se desea hacer a las próximas generaciones o cómo queremos ser recordado. Cuando hablamos de misión, hablamos a corto plazo, de lo que tenemos que hacer para posteriormente alcanzar las metas de mayor plazo. La visión nos lleva a representarnos, a visualizar esa meta a la que queremos llegar.

2. *La segunda habilidad para desarrollar su inteligencia emocional es aprender a administrar o manejar sus sentimientos.* Por muchos años he tenido que aprender a trabajar con mis emociones. Tengo algunas preguntas que son parte de la dieta mental, las cuales utilizo para administrar las adversidades y los problemas. La primera es: ¿Qué puedo aprender de esta situación? Luego me interrogo: ¿Qué es lo más malo que me puede suceder? ¿Voy a perder la vida, la familia, el trabajo? Si no va a pasar nada de eso, el problema tiene fácil solución. Muchas veces nos ahogamos en un vaso de agua porque nos enfocamos en el problema, no en la solución. Otras preguntas que me hago son: ¿Quién puede ayudarme, quién ha resuelto esta situación anteriormente? ¿Qué cambios debo producir para que tal cosa no me vuelva a suceder? Y si no hago estos cambios, ¿qué precio me va costar el no realizarlos?

Tenemos que estar alerta ante las emociones con que nos enfrentamos diariamente. Hace poco participé en una reunión con un grupo de caballeros por espacio de un fin de semana. Fue gratificante apreciar lo felices que nos sentíamos todos. Estábamos en armonía compartiendo información de un valor extraordinario, pero en el receso de la tarde uno de los compañeros falleció de un ataque al corazón. Todo el mundo se miraba y se preguntaba qué pudo haber pasado. La verdad es que no sabemos cuándo nos vamos a ir de este mundo. El impacto fue tal, que más de cien caballeros cayeron en una gran tristeza y depresión. Nos sentíamos apagados a pesar de que fuimos a cargar las baterías. Son situaciones fuera de nuestro control. Sabemos que su familia pasó por un dolor tremendo, pero son hechos comunes a todos. A mí personalmente me tomó varios días recuperarme de este incidente.

Tenemos que aprender a desactivar las emociones que nos afectan. Creo que hay tres recursos poderosos para lograrlo. Primero, la calidad de comunicación con nosotros mismos. Segundo, la calidad de las personas que nos rodean. Tercero, la administración de nuestras adversidades.

Para administrar nuestras adversidades tenemos que estar conscientes de que la emociones nos están comunicando cosas buenas y cosas negativas. Muchas veces estoy en el carro y me acuerdo de que dejé algo. Por ejemplo, voy rumbo al aeropuerto y mi billetera se quedó en el hotel, pero no puedo virar atrás porque pierdo mi avión. Me pregunto entonces qué puedo hacer. Llamar al hotel, notificarles de la situación y pedirles que por favor me la envíen a la próxima ciudad. Si la perdí, el proceso va a ser más complicado, pero también tendría solución.

Durante la producción de una de mis conferencias audiovisuales, a las once de la noche nos dimos cuenta de que la computadora nueva no tenía el equipo que se requería para hacer la presentación adecuada. Fue sorprendente como reaccionó nuestro consultor. Tomó un teléfono celular y llamó muy exaltado a la compañía, solicitando la pieza. La joven al teléfono le informó que a esa hora no podía ayudarle. Mi consultor empezó a hablar duro y le dijo que esto era una emergencia. La joven le indicó que esperara un momento. Pero una alarma en el teléfono celular avisó que la batería estaba agotada. ¡Se puede usted imaginar a nuestro amigo cuando se interrumpió la comunicación telefónica por falta de batería!

Tuve que tomar control, y le pregunté cómo él se iba a sentir dentro de cinco años con respecto a esta situación. Logré que se sonriera. Le recomendé que mejor al día siguiente alquilara una computadora para nuestro seminario de fin de semana.

Lo que quiero comunicarles es que continuamente estamos expuestos a situaciones difíciles. Lo importante no es lo que nos sucede; lo importante es cómo reaccionamos a lo que nos sucede.

Son miles las personas que han llegado a nuestros seminarios desganados, confundidos, deprimidos, sin fuerza. Y cuando aplican nuestras recomendaciones se dan cuenta de que ellos no tienen realmente problemas, más bien ellos son el problema. Al finalizar uno de mis seminarios, se me acercó un señor como de unos cincuenta años. Con sus ojos brillantes me dijo: "Yo tuve que vender varias cosas de mi casa para poder venir a este seminario, pero quiero confesarle que ha sido la inversión más provechosa que he hecho en mi vida". Su entusiasmo era contagioso. Le obsequié una copia de *Motivando a nuestra gente*, y le pedí que me mantuviera informado sobre su crecimiento. Por razón de mi trabajo me relaciono con personas distintas todos los días y es sorprendente la variedad de reacciones con las que me encuentro.

3. *La tercera habilidad para desarrollar la inteligencia emocional es la motivación.* Consiste en tener un significado, un porqué, una razón de vivir. ¿Con cuáles cosas estoy comprometido? ¿De qué me siento orgulloso? Respondernos esas preguntas nos dará fuerza, energía y vida.

Existen muchas definiciones de motivación. Mi definición en muy sencilla: Motivación es la fuerza que nos mueve a actuar para conseguir los deseos, los sueños y las metas que queremos alcanzar.

La motivación requiere identificar lo que uno desea, reconocer el valor que tiene lo que uno quiere, identificar y evaluar los obstáculos que se interponen en la consecución de su deseo y buscar soluciones a esos obstáculos sin descansar.

Para mantenerse motivado se requiere identificar las fuerzas que a usted lo mueven, lo impulsan, lo levantan, porque le dan la energía para seguir adelante. Cuando a mí se me descargan las baterías, me pregunto: "Oye J.R., ¿cuáles son tus bendiciones?" Y me contesto: "El poder levantarme, tener salud, el poder respirar, el ser miembro de una familia maravillosa, el poseer un trabajo que ayuda a la gente a mejorar su calidad de vida, el tener una relación personal con Dios, el saber que estoy rodeado de oportunidades." Ese pequeño ejercicio me levanta y me llena de entusiasmo y de fuerza.

Es importante reconocer que cuando la persona está motivada está llena de fe, de confianza, de seguridad, de determinación y de propósito. Siempre he dicho que tratar de vivir sin motivación es tan difícil como tratar de vivir sin oxígeno, cosa que es imposible.

4. *La cuarta habilidad para desarrollar la inteligencia emocional es la empatía, el saber entender lo que la otra persona siente.* Muchas veces estamos frente a las personas y nos damos cuenta de que no se sienten bien, que están pasando por situaciones difíciles. Los estudios confirman que el cincuenta y cinco por ciento de la comunicación de las personas es por medio de la comunicación corporal, es decir, que las personas se comunican a través de su piel, sus ojos, sus labios, sus expresiones faciales.

Si queremos desarrollar nuestra inteligencia emocional, tenemos que aprender a leer el vocabulario corporal. Otro punto importante es el tono de voz de la persona; el treinta y ocho por ciento de la comunicación es el tono de voz. En ocasiones le preguntamos a una persona cómo se encuentra, y nos responde: "Estoy bien", pero su tono de voz dice que está deprimida, sin fuerzas y sin energía.

Es importante reconocer la diferencia entre simpatía y empatía. Cuando alguien nos resulta simpático es que nos agrada, nos cae bien. Sin embargo, la empatía significa nuestra capacidad de ponernos en los zapatos de la otra persona, el sentir en nuestro ser lo que esa persona está sintiendo. Muchas veces puede ser muy bueno lo que siente la persona, porque alcanzó una meta importante y nosotros nos sentimos como si la victoria fuera nuestra. Pero puede ser también que esta persona perdió su trabajo o a un ser querido y usted lo siente como si fuera el afectado.

A los líderes que no sepan leer el vocabulario corporal de sus asociados se les hará muy difícil desarrollar empatía, y el no hacerlo les impedirá desarrollar su inteligencia emocional.

5. *La quinta habilidad para desarrollar su inteligencia emocional es su habilidad social.* Es la satisfacción de ayudar a otros; el saber que tenemos la responsabilidad de dar a los demás de lo que tenemos. Es importante saber cuál es nuestra responsabilidad con las futuras generaciones; preguntarse cómo le gustaría que le recordaran.

Usted también debe preguntarse por qué le gusta ayudar a otros. Debemos conocer que ayudando a otros es posible ayudarse a sí mismo. Y esa es mi experiencia; cuando ayudamos a una persona desenfocada, deprimida o preocupada, eso nos da fuerzas para confirmar que vamos por el camino correcto.

Para concluir este capítulo sería útil analizar cómo está su inteligencia emocional:

¿Qué le gustaría cambiar?

¿Qué habilidades de su inteligencia son fuertes y cuáles son débiles?

¿Qué beneficios va a producir si mejora esas habilidades que son débiles?

¿Qué precio le va acostar si no fortalece esas habilidades débiles?

¿Qué personas le pueden ayudar a fortalecer esas habilidades?

¿Qué cambios debe ejecutar para fortalecer su inteligencia emocional?

Le recomiendo que escriba estas preguntas en un papel y las conteste. Puede discutirlas con alguien, pero no deje de hacer el ejercicio por sí mismo, para que obtenga los mejores resultados.

Capítulo 5

Cómo establecer una comunicación efectiva

Usted es un líder, un guía para la renovación, abanderado de una visión, comprometido a trabajar para que las personas consigan los resultados deseados. Pero comunicarse con su equipo de trabajo de manera efectiva para lograr esto, constituye uno de los problemas que más afectan al líder de nuestro tiempo. Para ser eficaz con nuestro grupo, la comunicación constituye un proceso de primer orden.

Cuando hablamos de comunicación estamos hablando de un proceso en que el emisor y el receptor establecen contactos con la mirada, la postura, el tono de voz y hasta con el sonido de las palabras. Puede existir un sinnúmero de interferencias que impiden que la comunicación sea efectiva.

Cuando visito una ciudad donde no se habla español, como São Paulo, Brasil, donde se habla portugués, o una ciudad de Canadá de habla francesa, no se me hace fácil comunicarme. Primero porque conozco muy poco tanto el portugués como el francés y, aunque puedo entender un poco de ambos, mi acento es muy particular y no todo el mundo tiene la paciencia para escucharme. Éste es uno de los obstáculos que existen en la comunicación: las personas no están preparadas para escuchar, reaccionan automáticamente y no se enfocan en lo que queremos comunicarles.

Pensemos por un momento que cuando hablamos de comunicación, estamos diciendo que existen interferencias, las cuales pueden ser ruidos externos, pero también estados emocionales negativos, deficiencias físicas, como sordera, por ejemplo, u otra situación que impide que la persona se pueda enfocar y dedicarle tiempo a su persona, porque tiene una emergencia u otro asunto que considera más importante. Cuando deseo compartir con una persona, le pregunto primero si tiene un minuto para dedicarme, con el propósito de conseguir su atención.

Tenemos que tener conciencia de las muchas interferencias que pueden existir y comprender la situación en que se encuentra la persona en el momento. Es importante preguntarnos: ¿Qué quiere esta persona? ¿Qué espera de nosotros? Las personas regularmente se enfocan en primer lugar en sí mismos, en segundo lugar en sí mismos y en tercero también en sí mismos, pues así es la humanidad.

La mayoría de las personas es egoísta por naturaleza; está más interesada en resolver su problema que en ayudarlo a usted a resolver los suyos. Muchas veces tiene su aparato receptor apagado o en otra frecuencia, de manera que por más que usted trate de comunicarse, la persona no podrá atender a su intención. Debemos revisar si la persona está sintonizada en la misma frecuencia nuestra, porque de lo contrario, seremos poco efectivos.

Identifique qué cosas les interesan a las personas con las que usted está compartiendo; averigüe qué las motiva, cuáles son las fuerzas que las mueven.

En nuestros seminarios hay tres preguntas básicas que todo participante debe contestarse: ¿Quién soy yo? ¿Qué significado tiene mi vida? ¿Qué fuerzas me mueven?

Una dinámica semejante me permite expandir la conciencia y enfocarme en las cosas que me motivan. Estas fuerzas van cambiando de acuerdo con las circunstancias que tengo que vivir. Por ejemplo, si hablamos de las fuerzas que me mueven con respecto a mi carrera profesional, éstas son muy distintas a las fuerzas que me mueven en relación con mi familia. Tienen un nexo, puesto que una afecta a la otra; pero estoy consciente de que el orden de prioridades va a cambiar de acuerdo con mis preferencias y circunstancias.

Las personas tienen tantas necesidades que satisfacer que si no están claras en sus prioridades tendrán un choque interno, porque no sabrán dónde invertir sus recursos. Esa misma confusión la transmitirán cuando hablan con usted. La visión de cada persona determina las prioridades y también los resultados que obtenga.

Las fuerzas que mueven a la persona nacen dentro de ella. Esas fuerzas son los valores, las cosas que son vitales en su vida. Esto es muy importante porque cuando conocemos los valores de las personas con quienes estamos compartiendo, podemos desarrollar una relación más efectiva e igualmente más productiva.

A veces en nuestros seminarios tenemos que pasar varias horas tratando de ayudar al participante a reconocer su identidad, examinando sus motivaciones y sus valores.

Sería un ejercicio interesante para usted emplear un tiempo en revisar las fuerzas que mueven a sus amigos, compañeros y familiares.

Cuando quiera establecer una comunicación efectiva con sus compañeros, identifique los temas que les interesan, tales como la familia, un deporte, el trabajo o el aumento de sus ingresos. La atención se duplica cuando usted desarrolla una conversación basada en los intereses de la persona.

Para lograr tal cosa haga preguntas como: ¿Qué cosas buenas le están pasando a usted actualmente? ¿Qué resultados obtendrá en los próximos cinco años de su vida? ¿En qué área de su vida usted es más fuerte y en cuál le interesa mejorar?

Cuando me encuentro con una persona que está de mal humor porque le ha sucedido algo que le molesta, le pregunto: ¿Cómo usted se va sentir dentro de cinco años si no consigue la solución de ese problema?

Es bien divertido cómo las personas cambian su estado emocional y se enfocan en situaciones que enriquecen su vida. Identifique qué le gusta a la persona y háblele de eso.

Quiero darle una recomendación. Cuando esté comenzando una conversación, no hable de sí mismo hasta que no vea que ha establecido una química con la persona. Elimine las frases "yo soy", "mi negocio es", "me dedico a", a menos que su interlocutor pregunte o muestre particular interés.

Identifique los intereses de las personas; conviértase en un experto de las relaciones humanas y en un excelente comunicador.

Otro aspecto valioso en el estilo de la comunicación es hacer sentir importante a la persona que está compartiendo con usted. Para lograrlo, escúchela con detenimiento, mírele a los ojos, demuéstrele interés por lo que está hablando. Elogie sus logros, alégrese por sus éxitos, recomiéndele alguna solución para su situación. Llámela por su nombre, pues su nombre es uno de los sonidos que más les agrada escuchar a las personas.

Cuando se dirija a alguien use el "usted", pues este vocablo infunde respeto y consideración. Aunque en algunos países de Latinoamérica es usual tratar de usted a las personas, en el área del Caribe, de donde procedo, las personas regularmente le dicen a uno: "Por favor, no me trates de usted; llámame por mi nombre porque me haces sentir viejo." Así son las costumbres. Tenemos que conocer las diferentes culturas de los pueblos porque eso nos permitirá establecer una comunicación más efectiva. Visito anualmente más de treinta ciudades en América y he comprobado que el no conocer las costumbres locales es tomarnos el riesgo de fracasar en nuestros proyectos y, todavía peor, en nuestras relaciones humanas.

Cuando visité Santo Domingo, capital de la República Dominicana, en 1995 para una convención de líderes, fui el orador invitado. Caí entonces en cuenta que aunque está muy cerca de Puerto Rico, este país tiene significativas diferencias de opiniones. República Dominicana es un país de una cultura muy rica, pero si no hubiese hecho los ajustes necesarios a mi conferencia para presentarla de acuerdo con sus valores y creencias, no hubiera tenido éxito. Hoy les he hablado allí a más de diez mil personas durante los últimos tres años, gracias a que leí y conocí sobre los pormenores de su cultura. Lo mismo he tenido que hacer en relación con México, Chile, Brasil y otros países.

Su comunicación corporal también es muy importante porque transmitirá confianza en su receptor. Cuando ella o él hable, asienta con su cabeza, tome nota, comente su interés. Use frases como "le entiendo", "usted tiene razón", siempre que realmente piense así, porque de lo contrario estaría violando uno de los principios de la comunicación efectiva, que es ser genuino y transparente.

El ser transparente y genuino es vital para poder conseguir una buena comunicación. Tengo un lema personal y es: tengo una sola cara. Soy genuino porque eso me da libertad. La verdad me hace libre. No hay nada que produzca más tranquilidad en mi conciencia que saber que he sido claro y que no voy a hipotecar mi conciencia con la mentira, porque me convierto en víctima de la persona y pierdo mi paz.

Cómo establecer una comunicación efectiva

Cuando esté compartiendo con alguien conflictivo, cuya prioridad es pelear, criticar y crear conflictos, no se preste para pelear o discutir. Se necesitan dos y usted no estará disponible. Evite las discusiones aun cuando tenga la razón; espere el mejor momento para analizar la situación. Por supuesto que cuando usted esté en desacuerdo porque están afectando su política o sus valores, aclárelo, y el mejor momento de hacerlo es ahora.

Como líder, usted ha de cuidar sus estados emocionales; hay individuos que son expertos en robarle la tranquilidad y la paz. Usted debe estar consciente de que todo líder tendrá críticos y adversarios gratuitos. No debe temer, porque es parte de las responsabilidades del líder el saber batallar con personas difíciles.

Para que usted sea exitoso en la comunicación debe saber escuchar; mientras más escuche, más información tendrá, más lo apreciarán y mejor se comunicará. Para escuchar con efectividad, debe mirar a su interlocutor y leer su vocabulario corporal. Inclínese hacia él, mueva su oído hacia el frente, enfóquese en el tema, haga preguntas y utilice palabras mágicas como lo es el nombre de la persona y otras como "¡entiendo cómo te sientes!", "¡qué interesante!".

Recuerde que regularmente nuestros semejantes dudan cuando usted toma control de la comunicación y no les da oportunidad de hablar sobre sus necesidades. Usted perdió una gran oportunidad cuando comenzó a hablar sobre sí mismo y no preguntó sobre las necesidades del otro. No pierda la oportunidad de demostrarle que para usted su persona es importante; déjelo hablar.

Para conseguir que la gente se sienta cómoda, averigüe: qué le motiva, qué necesita, qué quiere, por qué lo quiere, para cuándo lo quiere, cuáles son los obstáculos que se interponen en la consecución de sus metas y cuáles pueden ser las posibles soluciones. Esta ensalada de preguntas debe estar en su conversación, porque le ayudará a identificar los intereses de las personas y usted podrá ayudarlas a alcanzar sus objetivos.

Para mí lo anterior es primordial, porque cuando obtenemos respuestas a estas preguntas podemos definir un cuadro de los valores de los individuos, sus prioridades, su visión y qué es lo que la persona desea conseguir.

Personalmente, cuando voy a desarrollar un proyecto trato de conocer a los integrantes del equipo para lograr no sólo que alcancemos lo que queremos hacer, sino también que podamos adelantar en nuestros particulares objetivos.

El estado emocional juega un papel importante a la hora de establecer una buena comunicación. Si la persona se encuentra deprimida, ansiosa o preocupada, se le hará difícil responder de una forma efectiva porque no está enfocada y no podrá utilizar su potencial. Tendrá toda su energía y concentración en su problema y no en usted.

Por eso recomiendo hacer preguntas que ayuden a la gente a desentenderse de los problemas y enfocarse en las soluciones. Los individuos de éxito invierten el noventa por ciento de su tiempo en la búsqueda de soluciones y sólo dedican el diez por ciento de su tiempo al análisis de los problemas. Usted debe ser un experto en desarrollar un ambiente que fomente el buen humor, la alegría y la confianza. Usted tiene treinta segundos para causar una buena impresión. Sonríase; las personas responden regularmente de la misma manera como usted las trata.

Muchos me preguntan si yo soy siempre así; es decir, si siempre me estoy sonriendo. Creo que ese espíritu de alegría y felicidad es vital para desarrollar un ambiente positivo. Siempre menciono que cuesta el mismo trabajo deprimirse que sentirse feliz. Recomiendo que cuando esté acercándose a alguien trate de identificar cosas positivas y buenas en ellas. Muchas personas son expertas sólo en identificar las imperfecciones. Usted se sorprenderá de cómo sus semejantes reaccionan cuando usted les habla de las cosas positivas que ellos tienen.

Desarrolle el hábito de elogiar las cosas buenas que usted ve en las personas. Sea específico y no elogie al individuo, sino a su acto o a su actitud. Nuestra gente tiene hambre de que se le reconozca y usted como líder tiene la responsabilidad de dar ese reconocimiento, que le levantará el espíritu y le ayudará a fortalecer la autoestima y aumentar su productividad.

Muchos de los participantes de nuestros seminarios me comunican que les es muy difícil hacer cambiar a quienes han sido negativos por décadas. Como líderes tenemos que reconocer que no podemos cambiar a nadie; sin embargo, podemos modelar unas actitudes y unas transformaciones que pueden ayudar a mejorar la calidad de vida de la persona.

Somos sembradores de semillas. Cuando hablamos con alguien estamos contribuyendo a su calidad de vida. Por eso es muy importante saber darles motivos a las personas para que nos respondan afirmativamente. A la gente le gusta que le hable de los beneficios que va a conseguir si sigue las recomendaciones que usted le brinda. Ofrezca opciones que motiven a los demás a responder positivamente.

Haga preguntas que requieran respuestas afirmativas. Por ejemplo: ¿Quiere lo mejor para sí mismo? Mueva su cabeza en confirmación de que eso es así. Déle la oportunidad a su interlocutor de escoger entre dos opciones. Por ejemplo: "Me gustaría que nos acompañara este fin de semana. ¿Prefiere usted el sábado, o es mejor el domingo?"

En nuestro seminario de ventas llamamos a estas preguntas "El cierre de alternativas", porque le damos dos opciones al comprador, y cualquiera que seleccione efectúa la compra. Este proceso es muy importante porque mentalmente la persona se ve seleccionando lo que más le gusta.

Recuerde que como líder usted está llamado a ser un modelo, alguien que tiene la capacidad de conseguir que los demás lo sigan voluntariamente. Para alcanzar tal cosa tenemos que tener una buena autoestima, y eso no se puede comprar en la farmacia: "Déme una libra de autoestima." Tenemos la responsabilidad de conocernos, de saber reconocer nuestras fortalezas y debilidades. Cuando tratamos de demostrar nuestra superioridad, lo que estamos comunicando es nuestra inferioridad.

De acuerdo con mi experiencia, la baja autoestima de nuestra gente le impide que pueda establecer una buena comunicación con su receptor. Está confirmado a través de los estudios que muchas personas se ven insuficientes, piensan que no pueden hacer las cosas. La programación que han recibido desde pequeños es que no pueden, que no califican, que no tienen los recursos y que, por lo tanto, les es imposible hacer el trabajo.

Para desarrollar una buena autoestima tenemos que asumir responsabilidad con nuestros pensamientos, nuestros sentimientos y nuestras actitudes. Debemos estar conscientes de que el líder tiene que tener una buena autoestima para conseguir establecer una buena comunicación con su grupo.

Seis recomendaciones para fortalecer la autoestima

1. Desarrolle un sentido de confianza en su potencial.
2. Aprenda a tomar decisiones.
3. Tome iniciativas y visualice lo que quiere alcanzar.
4. Desarrolle un sentido de realización. Disfrute sus éxitos.
5. Desarrolle un espíritu de generosidad. Comparta sus bendiciones.
6. Fortalezca su integridad y su honestidad.

Cuando uno tiene una buena autoestima puede ser genuino, transparente y tener una sola cara. Esto produce paz. Muchas personas me comentan: "¿Cómo quiere usted que sea transparente con esa persona, si se le nota a mil millas de distancia que ella no lo es?" Hace muchos años aprendí que en tal caso, ese problema es de la persona en cuestión, no de uno. Cuando usted es transparente y sincero, está demostrando su inteligencia emocional. No deje de ser transparente, genuino y sincero porque las personas no lo sean con usted. El tiempo le confirmará que su actitud produce mejores resultados.

Usted como líder tiene la responsabilidad de transmitir entusiasmo, de "cargarle las baterías" a quienes le rodean. En muy pocos minutos usted puede contaminar su área de trabajo con un entusiasmo contagioso. Es admirable cuando llegamos a una compañía para ofrecer uno de nuestros seminarios y nos encontramos con un grupo hastiado, desalentado y sin fuerzas, y a las dos horas es ya otro grupo diferente de personas: lleno de energía, confianza y listo para volver a la carga.

El saber administrar sus estados emocionales lo pondrá a usted en una posición muy favorable. Y al ayudar a otros a hacer lo mismo, le dará tal fortaleza a su grupo que lo convertirá en uno diferente y exitoso.

Como líder usted debe ser flexible, saber que todas las cosas tienen su tiempo, que no todo el mundo interpreta sus ideas de la misma manera. No aprendemos a la misma velocidad. Los estudios realizados de cómo aprenden las personas o interpretan la información que reciben, indican lo siguiente: El 83% de la información se recibe por la vista, el 11% por medio del oído, el 3% por el olfato, el 2% por el tacto y el 1% por el gusto.

A pesar de que todas las personas tienen los mismos recursos, no aprendemos ni interpretamos de la misma forma. Es interesante reconocer que no todos retenemos la información de la misma manera. Hay quienes escuchan un mensaje y no lo olvidan nunca. Los estudios indican que las personas retienen un 10% de lo que leen, el 20% de lo que escuchan, el 20% de lo que ven, un 50% de lo que ven y escuchan; el 70% cuando hablan, el 90% cuando actúan y un 100% de lo que enseñan.

Para poder triunfar, el líder tiene que amar a su prójimo. El amor es la fuerza que mueve al mundo. El amor de Dios, que es representado por su hijo el Señor Jesucristo, quien entregó su vida para reconciliar al hombre con su Creador. El amor de una madre, que está dispuesta a darlo todo por sus hijos. El amor de un hermano. El amor es una poderosa fuerza que tiene el poder de cambiar a las personas. Aprendí hace muchos años que cuanto más amor doy, más amor recibo.

Usted dirá: "Puedo hacer lo que me recomienda, pero como líder también tengo que reprender o criticar lo que no está bien." Y le contesto que esa es su responsabilidad. Pero el asunto es cómo hacerlo. Hoy día estoy trabajando con muchas personas de países distintos, que tienen culturas, creencias y valores diferentes. Esto implica que no necesariamente lo que funciona en Santo Domingo va a funcionar en Santiago de Chile, pues entran en juego esos factores.

Pero le puedo afirmar que he llevado este mensaje a millones de personas y muy pocas me han dicho que no funciona. Eso es porque estamos hablando de conceptos universales. Dios nos hizo iguales. Tenemos necesidades similares de respirar como también de sentirnos amados y contribuir a que las cosas sucedan.

Usted como líder se encontrará con personas difíciles que le dirán que van hacer una cosa, pero terminan haciendo otra. La pregunta es: ¿Cómo los disciplino para producir en ellos un cambio? La recomendación: hágalo en privado, utilice un tono de voz bajo; recuerde que el aumentar el tono de voz no significa que usted tiene razón. Muchas veces hacerlo es romper la comunicación.

Desarrolle un ambiente tranquilo, amistoso. Utilice palabras amables antes de criticar. Mencione que su responsabilidad como líder es conseguir los resultados deseados, y para hacerlo tenemos que lograr que las cosas se hagan en un orden y en un tiempo específico.

Es importante criticar el acto y no a la persona; dejarle saber que usted aprecia todo lo que ha hecho por usted y su grupo. Pero confirme su interés en que estas situaciones que no son perfectas se corrijan.

Siempre ofrezca opciones de cómo se puede mejorar o indique quién puede ayudar a superar las deficiencias. Ser flexible le ayudará a usted y a la persona a desarrollar una estrategia para buscar soluciones.

Conseguir una actitud de cooperación por parte de la persona es vital para poder resolver la situación. Termine el proceso de crítica con comentarios positivos y recuérdele a su interlocutor que usted confía en que la situación se va a superar. Cuando tengo que disciplinar a uno de mis niños, después de darle el mensaje le menciono que mi primera responsabilidad es enriquecerle la vida, y que necesito que me ayude a resolver el problema, para poder dedicarme a trabajar en las cosas que son vitales y así crecer juntos.

Como puede ver, las relaciones humanas son dinámicas y cambiantes; pero usted tiene el potencial y la capacidad de trabajar con personas. Como líder está llamado a capacitarse para ser un buen comunicador, escuchar con detenimiento y saber producir cambios en las actitudes de sus asociados.

Comience a disfrutar del proceso de comunicarse mejor con sus asociados. Los cambios que ello producirá le permitirán convertirse en un líder efectivo.

Capítulo 6

Cómo hablar en público con efectividad

En los últimos veinte años me he estado adiestrando para hablar en público. Durante este tiempo les he hablado a millones de personas. Se trata de una experiencia enriquecedora que a la vez es un reto, ya que están implicados muchos detalles, entre otros, prepararse, conocer al público y satisfacer sus expectativas. Es un aprendizaje donde en cada conferencia, convención o seminario en que se participa, no solamente queda enriquecido el público sino también el conferencista.

Consideré incluir el tema en este libro porque durante mis seminarios muchas personas se acercan y me dicen: "J.R., me gustaría poder hacer lo que tú haces." Otros me comentan: "La verdad es que me causa mucho temor cuando tengo que hablar en las reuniones de la compañía, y esa es la verdadera razón por la cual no quiero asumir ninguna posición de liderazgo."

Estamos en la era de las comunicaciones. Los ejecutivos, los líderes y los que en general prestan servicios públicos, dedican el ochenta y cinco por ciento de su tiempo a comunicar, transmitir ideas, negociar, persuadir y motivar a su gente. El no poder comunicarse de manera efectiva crea problemas en las relaciones interpersonales, produce problemas sicológicos y, muchas veces, hasta fracasos.

Es muy productivo hacer un análisis de los beneficios de hablar bien en público. Para ser líder hay que hablar y comunicarse efectivamente. Esto le dará seguridad; aprenderá a controlar los estados emocionales que le producen miedo, será respetado por esta capacidad y, además, tendrá el dominio de un arte muy bien pagado.

Pero tal cosa requiere preparación. El público evaluará toda su persona, desde su ropa, voz, gestos y el resto del lenguaje corporal, hasta la claridad de su pronunciación y el conocimiento del tema que demuestra a la audiencia.

Siendo muy joven comencé a prepararme para ser orador y me hacía las siguientes preguntas:

¿Cuál es el objetivo de dirigirme a estas personas?
¿Qué esperan ellos de mí?
¿Qué material debo estudiar para desarrollar el tema?
¿Qué ropa debo de usar?
¿Cómo debo verme a mí mismo?
¿Qué herramientas audiovisuales usaré?
¿Qué régimen de alimentación y de ejercicios debo practicar?

Hay muchos aspectos a tener en cuenta antes que uno empieza a caminar hacia la tarima. Según mi experiencia y la experiencia de muchas personas, el mayor enemigo para alguien que aspire a ser orador es el miedo. El miedo es el resultado de la falta de conocimiento o de la incertidumbre. Éste puede reflejarse a través de la tensión, de la ansiedad o del nerviosismo.

Una manera de vencer el miedo es conocerlo hasta llegar a comprenderlo en toda su dimensión. Imagínese que en estos momentos lo están llamando para que suba a una tarima y se dirija a cinco mil personas sentadas frente a usted. En seguida sus vasos sanguíneos comienzan a transportar una gran cantidad de hormonas que le producen tensión; el corazón late fuertemente, sus manos sudan, siente escalofríos y su mente quiere quedarse en blanco. *¿Y ahora qué hago?*, se pregunta.

La escena que acabo de describir la han experimentado miles de oradores sin adiestramiento, quizás no con un auditorio de cinco mil personas, pero tal vez con uno de veinticinco. No importa la cantidad de público, la reacción será la misma.

Un recurso que uso para controlar dicha situación es que, como parte de mi preparación, imagino antes qué voy a decir, qué herramientas de apoyo voy a usar y construyo frases que me fortalecen. Por ejemplo: ¡Voy a dar la mejor conferencia de mi vida!

Uno de estos ejercicios mentales que hago es ir al auditorio tres veces al día, de una forma imaginaria, donde visualizo conferencias que he ofrecido antes y que el público respondió favorablemente. Si en su caso no ha tenido alguna experiencia positiva, usted puede crear imágenes donde esté el grupo al que le va a hablar y ve que lo acepta y lo recibe con cariño.

No es tan fácil como pudiera parecer, ya que tenemos grabado en nuestro subconsciente un sinnúmero de experiencias y referencias negativas que nos paralizan o nos quitan fuerzas. Para contrarrestar esto hay que crear un banco de referencias positivas y frases que nos fortalezcan, por ejemplo:

1. Identifique situaciones donde usted se ha comunicado con un grupo de personas y véase hablando. No se le ha caído un pedazo de la cara, ni ha perdido un brazo; no se lastimó, sino que se sintió tranquilo y en paz. Esta situación puede haberle producido placer, satisfacción, alegría.

2. Identifique situaciones que le hayan producido entusiasmo y que le generaron determinada fuerza interna; en ese momento es imposible pensar en el miedo. En mis seminarios siempre pregunto a las personas: "¿Cuál ha sido el día más feliz de su vida?" Me contestan: "Cuando nació mi hijo." "Cuando me casé." "Cuando me gradué de la universidad." "Cuando conseguí mi primer trabajo." "Cuando me nombraron gerente en mi compañía." Hay cientos de experiencias que le permiten a usted recordar momentos felices y en ese instante es muy difícil pensar en el miedo, pues se está enfocando en situaciones que le enriquecen la vida.

3. Parte de esta dieta mental es enfocarse en las cosas que le dan fuerza. Durante siete días usted ha de dedicarse a evaluar qué cosas grandes ha alcanzado en su vida y qué beneficios produjeron esas cosas. Puede ser que alguna vez usted recibió un reconocimiento por ser el Vendedor del Mes, el Empleado del Año o fue Estudiante de Honor. Reviva ese acontecimiento. Sienta los aplausos, las sonrisas, las felicitaciones y la alegría.

Usted tiene la capacidad de verse como un excelente orador, vestido inmaculadamente, lleno de energía y de confianza. Puede verse cuando lo están presentando... Mencionan su nombre y se oye un poderoso aplauso, las luces lo enfocan y las personas se ponen de pie cuando usted entra al podio. Usted toma el micrófono y comienza a hablar.

La anterior es una de las escenas que más disfruto en mi trabajo. La sangre corre por mis venas más rápidamente, la respiración puede entrecortarse por un momento; pero cuando comienzo a hablar, toda tensión desaparece, porque me concentro en las cosas que le dan vida a mi auditorio.

Este es un proceso de aprendizaje que requiere acondicionamiento y dedicación y trabajo. Es como el corredor que se prepara para ir a las Olimpiadas, que tiene que practicar varias veces al día todos los días del año por espacio de cuatro años, para poder estar capacitado, y todavía sin ninguna garantía de que ganará alguna medalla. El hablar en público es igual. Hay que leer, escuchar audiocasetes, participar en seminarios, hasta dominar el tema y convertirse en un experto. ¿Cuánto tiempo le puede tomar esto a usted? No lo sé. Lo importante es no rendirse y enfocarse todos los días en el tipo de orador que usted desea ser.

Estamos hablando de convertirse en un experto en comunicación. Hablar el lenguaje que la gente puede entender y saber situarse en el lugar de sus oyentes. Que su audiencia pueda entender y usar las herramientas que usted le ofrece. Como orador siempre me he cerciorado de que mis conferencias puedan ser comprendidas por un adolescente de catorce años, utilizando para ello un vocabulario sencillo.

La pronunciación desempeña un papel importante. El saber usar el tono de voz correcto, el poder darle participación a la audiencia a fin de cortar las preocupaciones y las distracciones que nos roban su atención. Conseguir la concentración del público es un reto que debemos vencer en los primeros tres minutos. Una de las herramientas que utilizo es pedirle a los presentes que tomen notas. Cuando uno sólo escucha, pierde el 50% del mensaje en las próximas veinticuatro horas. Pero cuando uno escucha y escribe, aumenta la retención en un 65%. Cuando uno escucha, escribe y práctica, aumenta la retención en un 80%. Mi solicitud a mi audiencia es que escuchen, escriban y practiquen, es decir, cuando salgan del salón vayan y enseñen lo que recibieron, para que así logren el 100% de asimilación.

Otra herramienta poderosa es hacer preguntas donde los participantes pasan a ser parte de la dinámica, de manera que consigamos la información que ellos tienen en su subconsciente. Pregunto, por ejemplo: ¿Qué cosas buenas van a suceder hoy? ¿Qué espera usted de esta actividad? ¿Cómo esta conferencia le puede ayudar? Cuando se le hace una pregunta a una persona y se comparte con otras, en veinte milésimas de segundo se establece la comunicación y comienzan todos a intercambiar información entre sí.

Otro uso valioso son los medios audiovisuales, puesto que le permiten al participante ver la información de una forma sencilla y clara. Por ejemplo, un proyector con buenas transparencias contribuye a captar la atención y mantener enfocada a su audiencia. Es importante usar imágenes en nuestra conversación para que nuestro auditorio pueda asociar ideas y entender mejor lo que le queremos comunicar.

El orador ha de tener la capacidad de saber "leer" y también emplear el vocabulario corporal con su audiencia. Está comprobado que la comunicación corporal representa el 55% de nuestros mensajes. El 38% de nuestra comunicación está en el tono de voz, mientras que sólo se logra el 7% a través de las palabras que utilizamos.

Eso significa que la manera de transmitir el mensaje es tan importante como el mensaje mismo. Su comunicación corporal es su apariencia física, sus gestos, el movimiento de sus manos, su ropa y su respiración. Utilizar convenientemente todo esto es un arte. Si desea convertirse en un orador exitoso, debe aprender a dirigir todos estos recursos.

Sepa que su voz es una arma eficaz para persuadir y la utilización efectiva de ella lo ayudará a seducir a su público. Sería bueno que grabara su voz, la escuchara y analizara cómo se escucha a sí mismo.

Tenemos un ejercicio para fortalecer su voz y sus músculos labiales y también para calentar los músculos de su boca antes de pronunciar un discurso:

1. Puede comenzar a vocalizar (a, e, i, o, u), como lo hacen los cantantes.

2. Coloque un lápiz entre sus dientes con la punta hacia fuera; comience a hablar manteniendo el lápiz entre los dientes. De esta forma estará poniendo a trabajar sus músculos labiales.

3. Coloque un lápiz entre los dientes en forma horizontal y comience a hablar. Esto le ayudará a calentar los músculos de su boca antes de pronunciar un discurso.

El ritmo de su voz debe ser variado: debe llevar intensidad, entonación y rapidez. La velocidad puede variar de acuerdo con cómo usted quiera conducir el mensaje, utilizando pausas breves o pausas muy marcadas o extensas. Le recomiendo que observe en la televisión mensajes de otros oradores y trate de identificar el ritmo, la intensidad, la entonación y la rapidez del conferenciante. Esto le dará una idea de cómo debe usted ensayar.

La parte emocional del mensaje juega un papel muy importante. Su audiencia quedará cautivada siempre que usted tenga la habilidad de transferir determinadas emociones. Dos modelos son Ronald Reagan, un verdadero maestro en cambiar los estados emocionales de las personas, y Bill Clinton, un especialista en mudar su fisiología, hasta el punto de poner cara de niño bueno sin darle mayor importancia a la crisis que tenga ante sí, contrarrestando de tal modo la adversidad.

Como orador, uno de los instrumentos más efectivos para su comunicación es su expresión facial; los ojos son el reflejo de su alma. Existen miradas amistosas, de curiosidad, de asombro, de indiferencia, de desconfianza. Cuando experimentamos una emoción nuestras pupilas se dilatan. Sin embargo, cuando se finge una emoción permanecen contraídas. Se ha comprobado que la pupila dilatada produce simpatía, al contrario de lo que sucede con la pupila contraída, ya que el subconsciente es muy sensible a la dilatación de las pupilas.

Según indican los estudios de neurolingüística, existe una relación entre los procesos mentales, su comunicación interna y los movimientos de los ojos. Por ejemplo:

1. Cuando mira hacia arriba, a la izquierda, la memoria está buscando imágenes; está tratando de identificar qué fue lo que sucedió: dónde puse la cartera, cómo se llama esta persona.

2. Cuando mira hacia arriba, a la derecha, está produciendo imágenes hacia el futuro, está trantando de imaginar una situación, una persona o algo que se proyecta hacia el futuro.

3. Cuando mira hacia abajo, a la derecha, está sintiendo algo en su interior; su comunicación interna, sus sentimientos le están comunicando algo profundo.

4. Cuando mueve los ojos en una forma lineal hacia la izquierda, está recordando unas palabras que alguien le dijo o una música que trae recuerdos.

5. Cuando mueve sus ojos en una forma lineal hacia la derecha, está pensando en algo que decir o está imaginando un sonido.

En los Estados Unidos, nuevos estudios confirman que la máquina detectora de mentiras puede ser burlada, mientras que el observar los músculos faciales, la comunicación de los ojos y el vocabulario corporal en general, ha permitido confrontar con éxito a un gran número de criminales que anteriormente habían burlado dicho detector.

Usted como orador debe observar los movimientos oculares de su audiencia. Cuando comience a hablar, observe los ojos de su público; de inmediato esto les dará confianza a ambas partes.

El utilizar los gestos correctos con libertad y naturalidad le dará fortaleza. Mueva las manos con confianza. Nunca ponga las manos en el bolsillo, porque significa una falta de respeto a la audiencia. Tampoco cruce los brazos, pues es una postura defensiva y transmite inseguridad. El estar parado con sus pies separados a la distancia de sus hombros expresa confianza y estabilidad. Demuestra que ha tomado posesión de su espacio. Debe caminar con seguridad y tranquilidad. Respire con calma y mire hacia su audiencia en la confianza de que está tomando posesión de ella. Su actitud debe ser de seguridad, de humildad, pero con entusiasmo. Usted tiene un objetivo, y éste es enriquecer la vida a su auditorio.

Identifique cuál es la vestimenta que mejor le queda, los colores que más le favorecen, agraden y proyecten seguridad. Si decide usar traje y corbata, se ha comprobado que los colores oscuros o azul marino fortalecen su imagen de credibilidad. Su ropa va a depender de su audiencia, pero es importante que sean prendas confortables, que le permitan moverse con libertad y lo hagan sentirse cómodo.

Si usted me preguntara: "¿J.R., cómo puedo garantizar el éxito de mi conferencia?", le diría que la mejor forma de hacerlo es estableciendo el objetivo de la misma. La gran mayoría de los conferenciantes trabajan en todos los detalles, pero no pueden establecer de una forma concreta el objetivo de su conferencia. En consecuencia, la mejor manera de no alcanzar el éxito en su conferencia es ir a ella sin haber definido su objetivo.

Su mente necesita un objetivo para comenzar a trabajar. Cuando usted va a ofrecer una conferencia debe establecer cuál es el propósito de su presentación, cuál es la necesidad que usted pretende satisfacer, y conseguir que la audiencia sienta que se satisfaga esa necesidad. Hay oradores muy eficientes y lo son porque ofrecen lo mejor de sí mismos. Son excelentes comunicadores y transmiten sus ideas en una forma muy elocuente. Sin embargo, pueden resultar poco eficaces, es decir, no lograr el efecto en su audiencia, si no consiguen el objetivo que ellos esperaban.

En mis conferencias establezco el objetivo en los primeros cinco minutos para que rápidamente se entienda que estamos allí por una razón, y vamos a alcanzar determinados objectivos. Uno de los objetivos de mis seminarios es ofrecerle herramientas al participante para que mejore su calidad de vida, su productividad, sus ingresos, sus relaciones interpersonales y fortalezca su inteligencia emocional. Una vez que esto se ha establecido, lo defino en una frase: *J.R. está aquí para enriquecerle la vida.*

Para lograr lo anterior tenemos que atender a la preparación: los recursos de apoyo, los participantes y el lugar donde se está desarrollando el evento. Me pregunto:

¿Qué puntos importantes debería considerar para desarrollar una conferencia exitosa?

¿Qué información debo estudiar para alcanzar el objetivo que me he propuesto?

¿Cuál va a ser el orden de la conferencia?

¿Cómo voy a presentar la información para que se ajuste a la realidad de la audiencia?

¿Cuáles son las necesidades de los participantes?

¿Cuáles son las características en común que ellos tienen?

¿Quién me puede dar información sobre ese tipo de público?

¿Qué opinión tienen de mi trabajo?

Una vez definida cuál es mi audiencia, identifico dónde se llevará a cabo la actividad:

¿Tiene facilidades de aire acondicionado, sistemas de radio, de audio, de proyectores visuales?

¿Es para una empresa, o una convención general?

¿Se trata de una institución privada o pública?

Las preguntas que siguen son:
¿Qué quiero conseguir? ¿Cuál es mi objetivo?
¿Motivarlos para que sean más productivos?
¿Conseguir que se conviertan en oradores profesionales?
¿Aumentar sus ventas en un cuarenta por ciento?

Debemos saber que el éxito de nuestra conferencia siempre estará relacionado con alcanzar los objetivos establecidos. Cuando llega el momento de empezar a preparar el mensaje, debe establecerse un plan de acción en que las ideas estén en orden, claras y específicas:

1. Introducción, presentación del orador, reglas de juego, objetivos de la conferencia y dinámica para preparar el grupo. Podría considerar invitarlos a que se levantaran y saludaran a tres personas que no conocen y les preguntaran lo que esperan de esta actividad.

2. Establecer la idea que quiere presentar, el objetivo que va a realizar. Por ejemplo: ¿Cómo aumentar las ventas durante el próximo año? ¿Cómo reducir los costos operacionales? ¿Cómo fortalecer su inteligencia emocional?

3. Presentar la situación que los afecta, sus causas y soluciones. Crear conciencia de que para alcanzar los objetivos propuestos hay que identificar los obstáculos que se interponen en la consecución de las metas.

Debemos estudiar nuestras realidades, hacer un inventario, tanto de nuestras potencialidades como de nuestras debilidades. Identificar las posibles soluciones, ponerlas a prueba y seleccionar la solución más efectiva.

4. La utilización de ejemplos es un método efectivo para comenzar a presentar la idea. Luego desarrollamos argumentos para presentarle lo que necesitamos de nuestra audiencia y explicarle los beneficios que podemos conseguir si logramos los objetivos. Debemos saber responder a las interrogantes de cuándo, por qué, dónde, cómo y quién, para generar las debidas soluciones y alcanzar los objetivos que nos hemos propuesto.

Cinco pasos para persuadir a la audiencia

1. Despierte curiosidad en la audiencia. Por ejemplo: ¿A cuántos de ustedes les gustaría conocer cómo reducir sus gastos personales sin afectar su calidad de vida? ¿A cuántos les gustaría tomar

unas vacaciones anuales sin gastar un solo centavo? Nuestras preguntas van a generar curiosidad en la audiencia.

2. Hábleles de ellos. Conozca sus necesidades, sus intereses, sus metas; qué cosas ellos quieren lograr y cómo usted los puede ayudar a alcanzar esos objetivos.

3. Presente su mensaje en una forma sencilla y clara. Demuestre cómo pueden utilizar herramientas para alcanzar los objetivos que ellos desean.

4. Resuma su presentación. Asegure que su audiencia la haya captado. Practique con los presentes ejercicios en que puedan aplicar las recomendadaciones que usted les ha ofrecido. Indíqueles referencias, como libros, casetes o videos que ellos puedan utilizar para seguir capacitándose sobre el tema.

5. Presente el costo de aplicar sus recomendaciones y lo que costará no aplicarlas. Por ejemplo: Haga un calendario diario de sus actividades, identifique dónde está invirtiendo su tiempo, cuál es el costo de sus horas, qué le costará seguir utilizando su tiempo de una forma. En 1980 hice este ejercicio, y me percaté de que invertía dos horas diarias en tomar café, lo que sumaba cuarenta horas al mes, a un costo de mi tiempo de veinte dólares la hora en ese momento. ¡Ir a tomar café significaba para mí una inversión de ochocientos dólares al mes! Esa situación me motivó a realizar un cambio en mi manera de utilizar el tiempo.

Al comenzar una conferencia, en pocos minutos debemos disipar la tensión que con nosotros traemos a la tarima y también la tensión que tiene nuestra audiencia. Para lograr esto debemos motivar a la audiencia a compartir. Les indico, por ejemplo: "Díganle al que está a su lado que hoy va a ser un día histórico, y sonríanse." Ese sencillo ejercicio prepara el ambiente para captar la atención del oyente. Y comenzamos haciendo preguntas que generan interés. Por ejemplo:

¿Cuántos de ustedes saben que el número de millonarios se duplicará en los próximos diez años?

¿A cuántos les gustaría pagar sus deudas este año?

¿Cuántos están aquí por primera vez?

¿Cuántos viajaron más de cien kilómetros para llegar aquí?

¿A cuántos les interesaría ganar mil dólares al día?

Tenemos que crear interés en nuestra audiencia. Otra alternativa es presentar novedades: lo último, las nuevas noticias, lo que acaba de ocurrir. Siempre debemos tener una noticia novedosa en nuestra introducción o alguna idea original e impactante.

Utilizando las imágenes mentales podemos darle participación a nuestra audiencia para que puedan conceptualizar lo que les puede suceder. Por ejemplo:

Se imagina a las dos de la mañana en la autopista con su neumático ponchado y el de repuesto roto, y sin que se vea ni se oiga nada por ningún lado. ¿Cómo usted se sentiría?

Algunos reaccionarán con miedo, otros con expectación y otros ni van a poder imaginarlo. Lo importante es que la audiencia se sienta parte del mensaje.

Su testimonio personal y anécdotas vividas por usted son armas poderosas para captar la atención de la audiencia, especialmente si tienen una relación con el tema que está tratando, pues el oyente se identificará y prestará atención. Debe tener un banco de experiencias y anécdotas para enriquecer su presentación.

Cuando me rompí una pierna en 1989, me pregunté qué habría de bueno en esta adversidad. No pude contestar a esta pregunta hasta 1992, cuando en una conferencia en Dallas, Texas, frente a dos mil personas me di cuenta de que esa adversidad me ayudó a reflexionar y a tomar decisiones profundas que iban a cambiar mi destino y a conseguir el estilo de vida que yo aspiraba. Detrás de cada adversidad hay algo positivo. Narrar esta historia ha ayudado a muchas personas a crecer y a sacarle provecho a las adversidades.

Confío en que este capítulo le haya enriquecido y le dé ideas más claras de cómo usted puede convertirse en un orador exitoso. Quien evalúa su éxito es su audiencia. La evaluación que ella haga de su presentación dará la medida de su éxito. Recuerde que su trabajo es ganarse el respeto y el aprecio de su público.

Demuestre sincero interés en sus oyentes. Sea transparente, sonría, escuche con detenimiento, hábleles de lo que necesitan y hágales sentirse importantes. Su entusiasmo y su compromiso con ellos dejarán huellas positivas.

Enfóquese en las cosas que le enriquecen. El entusiasmo le va a liberar de la tensión y el miedo; le producirá la energía necesaria para eliminar la fatiga y la inseguridad y le va a proveer de la fuerza para moverse y desarrollar una conferencia que, cuando termine, su audiencia dirá: "¡Qué rápido pasó el tiempo!" "¡Me hubiera gustado estar todo el día escuchándole!" "¡Nunca había participado en una conferencia tan emocionante!" "¡Esta ha sido la mejor conferencia de entre todas las que he asistido!"

Estoy seguro de que usted concuerda conmigo de que uno de los retos del líder en el siglo XXI es desarrollar el arte de hablar en público.

Capítulo 7

Para desarrollar el arte de servir

Toda persona o compañía que aspire a estar en una posición de liderato tiene que tener un espíritu de servicio, un compromiso de dar lo mejor de sí para ayudar a otros a alcanzar sus metas. Muchas veces tenemos que asumir una actitud de dar sin esperar nada a cambio. Me crié en una familia que me enseñó estos valores. Siempre recuerdo a mi abuela. Ella era una persona desprendida; siempre estaba ayudando a sus semejantes. Ese espíritu de dar, de apoyar, tiene que sentirse y transmitirse, tiene que ser genuino, porque los demás perciben si nuestro apoyo es desinteresado o lo hacemos esperando algo a cambio.

Desde muy joven me di cuenta de que me gustaba ayudar y apoyar a la gente. Muchas veces pensé en por qué lo hacía. Y sinceramente hay una satisfacción bien grande cuando uno apoya y sirve a los demás. Cuando lo hacemos y podemos desarrollar una relación en que todos ganamos, es mucho mejor.

El primer paso para desarrollar el arte de servir es tener una actitud de servicio. Para esto, el líder tiene que saber identificar las necesidades de las personas.

La herramienta más eficaz para identificar las necesidades de una persona es el hacerle preguntas. Por ejemplo: ¿Cuál es su objetivo principal? ¿Cómo le puedo ayudar? ¿Qué cosas buenas ha logrado? ¿Qué cambios quiere hacer para lograr sus objetivos? Cuando les hacemos preguntas a las personas, estamos estableciendo una comunicación. Se establece una relación.

Como segundo paso, debemos desarrollar una química con las personas. Debemos causar una buena impresión. Tenemos solamente treinta segundos para causar esa buena impresión. Las personas nos observan, nos miran y a través de la ropa que llevamos puesta, los colores que utilizamos, el movimiento de nuestro cuerpo, desarrollan una percepción de quiénes somos, con qué intención estamos acercándonos a ellos, y si deben tratarnos con confianza o desconfianza.

Una vez establecida esa química, se crea el entusiasmo en compartir. El entusiasmo comienza con el interés; por eso recomendamos usar un despertador mental para fortalecer la química y despertar el interés. Se preguntará usted: ¿Qué es un despertador mental? Es una frase que genera interés, despierta entusiasmo. Por ejemplo: "Isabel, antes de irte pasa por mi oficina, tengo que compartir algo importante contigo." El jefe de Isabel le ha dicho a las nueve de la mañana que tiene algo importante que compartir con ella. Ella se siente sorprendida y la curiosidad no le permite esperar hasta las cinco de la tarde para reunirse con su jefe. A la hora del almuerzo se acerca a la oficina de su supervisor y le dice: "Perdone señor Rivera, pero no puedo esperar hasta las cinco de la tarde para reunirme con usted. ¿Sería tan amable de decirme qué es lo que quiere consultarme?"

El despertador mental es una gran herramienta para establecer interés y desarrollar una conversación. Por ejemplo:

1. ¿Te enteraste de la última?
2. ¿Qué cosas buenas están pasando hoy?
3. ¡Tengo que enseñarte lo último que me compré!
4. ¡Tengo la solución a tu problema!

Un despertador mental ofrece una promesa o estimula el interés en la otra persona para establecer una comunicación. Aquí comienza el entusiasmo. Una vez que se establece el interés se pasa al segundo paso, que es el deseo de la persona de saber más, de tener más información. De ahí pasamos al tercer paso del entusiasmo, que es el conocimiento. Una vez que tenemos el conocimiento nos movemos y producimos acción, y la acción nos produce convicción. Establecemos entonces una creencia en la persona.

Cuando establecemos una creencia, estamos sembrando una semilla, desarrollando unas referencias y una experiencia para esa persona, que hace que la persona cambie su actitud y sus hábitos. Si tomamos como ejemplo un producto en particular, la persona puede pensar que ese producto no era bueno, pero por la experiencia de su compañero de trabajo cambia la creencia y sale de su trabajo a comprar el producto.

Es importante reconocer que nosotros diariamente estamos influyendo en otras personas. Hay gente que cree en nosotros; nuestra credibilidad le produce confianza, le transmite paz y certeza de que nuestra recomendación o nuestra opinión es correcta. Por eso es importante nuestro testimonio, porque la gente confía en su líder y si el líder está desenfocado va a afectar a muchas personas.

Siempre recuerdo la historia del cliente que fue a una farmacia a comprar una medicina para su niño y le vendieron la medicina incorrecta. El cliente, enojado, se lo mencionó a veinte personas; cada una de éstas le contó el incidente a tres personas, y a su vez esas sesenta personas se lo dijeron a dos personas. O sea que ciento veinte personas se enteraron del error que cometió el dependiente de la farmacia.

El líder tiene que cuidar su credibilidad para conseguir que la gente le siga voluntariamente. Debe estar consciente de que cada vez que surja una dificultad que ponga en entredicho su persona, debe de contrarrestarla de inmediato.

Para servir con efectividad, el líder debe fortalecer la autoestima de las personas bajo su influencia. Pero tiene primero que tener una buena autoestima. Hemos definido la autoestima como la *radiografía* de la persona, es decir, cómo usted se ve, cómo usted se siente. Una autoestima alta produce una alta productividad, confianza y buenas relaciones. Una autoestima baja produce depresión, inseguridad y baja productividad.

Seis pasos para fortalecer la autoestima de la persona

1. Llame a la persona por su nombre, mírela a los ojos, salúdela con energía, sonría y hable con tranquilidad y transmita paz.

2. Identifique los puntos positivos de la persona. Pueden ser el color de su ropa, su sonrisa, algo que esté haciendo bien. Halague a la persona. Algunas de las frases preferidas mías son: "¡Eso está poderoso!" "¡Estás haciendo tremendo trabajo!" "¡Te felicito por tu éxito!" Siempre dígalas de corazón.

3. Identifique cómo se siente la persona. A las personas les gusta hablar sobre sí mismo. Puede preguntarle: ¿Qué te hace feliz hoy? ¿Qué cosas buenas van a suceder hoy? Cuando la persona tiene la

oportunidad de hablar de sí, fortalece su autoestima y desarrolla confianza.

4. Lea el vocabulario corporal. El cincuenta y cinco por ciento de la comunicación de la persona se establece a través de su vocabulario corporal. Por medio de sus mejillas, su mirada, su sonrisa, su piel, podemos determinar si la persona está motivada, entusiasmada y si existe una química para compartir con ella. El líder debe ser un experto en leer el vocabulario corporal de la gente y neutralizar los aspectos negativos que se generan, enfocándose en las cosas positivas que están sucediendo. Mi pregunta preferida es: "¿Qué cosas buenas están pasando hoy?"

5. Utilice un tono de voz agradable. El treinta y ocho por ciento de la comunicación de las personas se propicia a través de su tono de voz. Usted escucha y sabe en fracciones de segundos si la persona esta motivada o está deprimida. Debemos neutralizar un tono de voz negativo con una pregunta positiva, un comentario conciliador o una sonrisa.

6. Identifique la necesidad de la persona. Escuche su tono de voz, la respiración, las palabras que utiliza, y pregúntele en qué forma puede ayudarla. Siempre ofrezca aliento, esperanza y apoyo. Las personas aprecian que las escuchemos, las orientemos y tengamos empatía con sus necesidades.

El líder debe utilizar un vocabulario transformador para cambiar los estados emocionales de la persona. Todos los meses visito distintas ciudades. A pesar de que son países distintos, el vocabulario es muy parecido. La gente me dice: "Las cosas están malas." Y yo le respondo: "Para mí nunca antes habían estado mejor." Estas personas están enfocadas en la adversidad y no en la solución. Otros me dicen: "Me siento deprimido." Y yo les pregunto: "¿Cómo lo haces? Porque para deprimirse se requiere una gran energía; será que más bien quieres decir que te sientes desenfocado."

Otros me dicen que se sienten cansados o agotados, y yo les menciono que cuando a mí me pasa eso, me digo a mí mismo: "Me estoy recargando, estoy recargando las baterías." Otros me comentan: "Estoy tenso, no puedo dormir." Entonces les digo que tienen más energía de la que necesitan. Cuando nuestras emociones nos comunican que hay situaciones no comunes, el cuerpo reacciona, y tenemos que aprender a desactivar esas adversidades.

Recuerdo un Día de Reyes en que me encontraba en el aeropuerto de Orlando, Florida. Durante esa época de Navidad muchas personas vienen a este lugar a pasar sus vacaciones. El vuelo estaba sobrevendido y tenía detrás de mí a un señor mayor que transmitía un gran nivel de ansiedad, provocado por el temor de que no hubiese para él un asiento disponible. Una asistente de la aerolínea reforzaba la ansiedad del señor, puesto que cada cinco minutos ofrecía quinientos dólares para aquellos que cedieran su asiento. Vi al señor tan angustiado que le pregunté: "¿Usted tiene boleto?" Me contestó que sí. Le mencioné que había ciento treinta asientos disponibles y que además era responsabilidad de la línea aérea conseguirle un asiento. Esta persona entonces cambió de percepción y se relajó. Finalmente realizó su viaje sin dificultad. Esto es lo que llamo ahogarse en un vaso de agua. Le recomiendo que si a usted le pasa con frecuencia algo semejante, empiece a tratar de relajarse, a caminar más despacio, a hablar con tranquilidad, a conducir el automóvil más despacio, a bajar el nivel de energía.

Otros me cuentan de sus enfermedades. Les cuento que también me he enfermado, pero que éste es un proceso de limpieza; el cuerpo nos está hablando de que hay algo que no funciona bien.

En diciembre de 1997 estuve en Punta Cana, Santo Domingo, ofreciendo un seminario para los quinientos empleados de Punta Cana Beach Resort. Fue una experiencia extraordinaria. Los empleados quedaron satisfechos y comprometidos a trabajar para ser mejores empleados y mejores seres humanos. El lugar es un paraíso natural. El inconveniente fue que comí algo que me enfermó. Se me hincharon las manos y las plantas de los pies; fue una experiencia nunca antes vivida. Tuve que llamar al médico, ponerme a dieta durante diez días y tomar medicinas para poder superar la crisis. Siempre he dicho que lo importante no es lo que nos sucede, sino cómo interpretamos lo que nos está sucediendo. Gracias a Dios me recuperé rápidamente, pero cuando me preguntaban cómo estaba, les respondía: "Me estoy limpiando. Me estoy recargando."

El líder tiene que saber identificar a la gente que necesita atención. Hay personas que se irritan sin saber por qué; están programadas para pelear. Siempre están echándole la culpa a otros, se quejan con frecuencia, les molesta la gente, su rendimiento es bajo y no saben establecer prioridades. Es decir, trabajar con la gente no es fácil. Si la persona que tiene a su lado es negativa y la tiene que soportar cuarenta horas a la semana, es mucho más difícil.

Mi política con las personas difíciles

1. Me reúno con ellos y escucho su situación. No reacciono a la misma, sino que mantengo la calma e identifico cuál es su problema.

2. Hago un comentario conciliador. Le comunico que entiendo su situación, que sé cómo se siente. Le pregunto qué cree que se puede aprender de su adversidad. Qué cambios debe dar para que esta situación no vuelva a ocurrir. Cómo se sentirá dentro de cinco años referente a esta situación. Esta dinámica lleva a la persona reflexionar y a enfocarse en la solución.

3. Lo hago tomar conciencia de su responsabilidad. La calidad de vida del individuo tiene una relación directa con la calidad de decisiones que ha tomado durante los últimos años. Las decisiones que tomó en los pasados cinco años dieron como resultado hoy, en tanto que las decisiones que tome hoy darán como resultado su futuro. La persona tiene que asumir la responsabilidad de la adversidad que está viviendo y dirigirse a la solución para salir de ese estancamiento.

4. Lo exhorto a que identifique qué personas lo pueden ayudar. Qué personas han resuelto su mismo problema anteriormente. Cuál debe ser su prioridad. Qué sucederá si no resuelve este problema. Qué es lo más malo que le puede suceder. Qué problemas grandes ha resuelto anteriormente. Lo invito a que reflexione, pues hay problemas que uno no puede resolver y hay otros que uno puede resolver pero que toman tiempo.

Al lado de mi escritorio tengo un mensaje que dice: "Dios, concédeme serenidad para aceptar las cosas que no puedo cambiar, valor para cambiar aquellas que puedo cambiar y sabiduría para distinguir entre unas y otras." Por más que yo estudie y me prepare, siempre existirán cosas que yo no voy a poder resolver. Otras situaciones que puedo resolver, pero que necesito tiempo, preparación, trabajo, dedicación, perseverancia. Muchas personas quieren las cosas ya masticadas y digeridas.

Para desarrollar el arte de servir

Hay que pagar un precio, el precio del éxito. Las cosas buenas se pagan por adelantado y al contado. Requieren trabajo, sacrificio, dedicación y compromiso.

Durante el mes de enero de 1998, estuve en Brasil. El primer día del viaje fue algo nunca vivido, por lo que quiero compartirlo como un ejemplo de las situaciones que se presentan sin planificar. Ese día me levanté a las cinco de la mañana para preparar mis maletas. Mi esposa Candy me llevó al aeropuerto como de costumbre. Hice una escala excelente en Miami, y cuando me presento a la ventanilla de la aerolínea para registrarme en el vuelo a Sudamérica, me informan que no tengo visa.

No puedo negarles que no me sentí muy bien. El joven, muy cortés, me explicó en perfecto español que no podía ir en el viaje porque no tenía visa. Debía ir al Consulado de Brasil en Miami a solicitar una visa. Me comentó que el trámite regularmente se toma de dos a tres días. Le dije que debía estar en Brasil esa misma noche porque tenía una convención con cuatro mil personas. Me respondió: "Muévase rápido, porque esa oficina sólo atiende peticiones hasta las doce del día", y eran ya casi las once.

Tomé un taxi y le comuniqué al chofer mi urgencia. Me dijo que no me preocupara, que si tenía el pasaporte y una confirmación de la actividad me darían la visa rápidamente. Cuando llego al Consulado me dicen que necesito una foto, que suba al piso once y me la tome. Cuando bajo con las fotos, me dan los documentos para llenar pero no me pueden garantizar que el pasaporte estará listo para hoy. No obstante, hablé con el joven que me atendía y le dije que tenía una emergencia y que debía estar esa noche en Brasil. Le informé que me dedicaba a escribir y a ofrecer conferencias y seminarios a nivel internacional. De inmediato me dio una lista de requisitos y procedí a entregarle mi documentación.

El joven entró a consultar con el cónsul, regresó en unos minutos y me sonrió. Me dije: ¡Ya tengo mi visa! El joven me comenta que puedo pasar esa tarde a recoger mi visa, siempre y cuando le traiga un certificado de vacunación, porque yo estuve en los pasados noventa días en Colombia y su país requiere que me ponga una vacuna.

Corriendo llamé a mi taxista al que había contratado para que me secundara en esta odisea. Pude encontrarme con un médico, el cual me atendió y firmó a tiempo mi certificado de vacunación. Lo importante fue que, gracias a Dios, no perdí la misión. Y lo interesante de la experiencia es que no perdí el control y pude enfocarme en la solución.

Una de las cosas más difíciles es trabajar con personas frustradas, que no han logrado los objetivos que se han propuesto. Mi mensaje para estas personas es que desarrollen paciencia, evalúen los obstáculos e identifiquen alternativas de cómo se pueden superar. Por nada del mundo debemos perder la fe. No podemos permitir que nuestra voluntad sea socavada por fuerzas adversas, por comentarios negativos o por gente falsa.

La desesperación es un huracán que nos lleva a perder el control de nuestra imaginación, la creatividad y el entusiasmo. No sé si usted ha tenido la experiencia de ver un huracán. En 1989, tuve la oportunidad de vivir esa experiencia en Puerto Rico con el huracán Hugo. Todo se puso oscuro. Vivía a pocos metros del mar, y no se podía ver nada. Lo mismo sucede cuando uno se desespera. Se nubla la visión y pierde la capacidad de buscar alternativas que permitan conseguir soluciones.

Cuando usted se desespera, se desilusiona, se enoja y se disgusta. Está delegando el control de sus estados emocionales a esa persona o a la situación y pasa a ser víctima de ella. Por eso es muy importante tener una actitud correcta. La actitud es el reflejo de sus pensamientos. Sus pensamientos producen su autoestima y ésta fortalece la forma como usted se ve y se siente. Esto tendrá una relación directa con su éxito o con su fracaso.

Usted tiene todos los requisitos para tener éxito y su mayor riqueza es el potencial que Dios le ha dado para pensar, crear, e imaginar posibilidades y alternativas para superar los obstáculos que se interponen en la consecución de sus sueños.

Recuerde siempre que nadie va a hacer lo que le corresponde a usted hacer. Usted es el arquitecto, el diseñador, el director de su vida. Usted será el único responsable de los resultados que consiga y nadie más que usted.

La pregunta ahora sería: ¿Cómo puedo desarrollar el arte de servir? ¿Cómo me puedo convertir en un líder de servicio? Establezca primero en qué persona se quiere convertir. ¿Qué tipo de servidor le gustaría ser? Puede ser que le interese ser educador, entrenador, político, servidor público, líder religioso. Pero es vital identificar qué tipo de servicio usted quiere brindar, dónde están sus talentos, sus habilidades, su vocación.

Hace unos veinticinco años, siendo todavía adolescente, desarrollé la siguiente dinámica: me imaginé como un facilitador, como un exhortador, como un conferencista motivacional, una persona que se dedica a enriquecerle la vida a la gente.

Desde ese momento comencé a trabajar, a prepararme, a estudiar, a conocer personas que tenían una afinidad con mi vocación. Líderes religiosos, personas de negocio, pastores, maestros, educadores, políticos, servidores públicos en general. Fui estudiando la conducta humana, el sentir de la gente, los problemas y las soluciones de la gente. Me di cuenta de que nos habían educado para aprender a leer, a escribir, a conducir un automóvil, a practicar un deporte, a trabajar con una computadora, pero no nos habían enseñado a vivir. No nos enseñaron a escoger a nuestra compañera o compañero, a servir ni a controlar nuestros estados emocionales. Y no nos enseñaron a identificar en qué persona nos queremos convertir.

De ahí nace mi vocación y mi interés de servir, de convertirme en un modelo, en un instrumento de apoyo. Mientras estoy escribiendo este libro me llegan a la memoria las miles de personas a las que hemos servido. La responsabilidad de apoyar a otros, de demostrar respeto y compromiso con sus necesidades, de tener conciencia de la importancia que tiene escuchar con atención.

Cuando los participantes culminan un seminario nuestro, siento cómo ese gigante que hay dentro del individuo sale a relucir, quizás con la expresión de unos ojos llorosos o un tono de voz entrecortado. Pero veo en sus semblantes un deseo genuino de comenzar de nuevo, sin importarles las adversidades, las dificultades, los obstáculos y las deficiencias.

Es un encuentro difícil de explicar pero poderosamente estimulante, en que vemos a personas con una nueva visión, con nuevas esperanzas y con un nuevo compromiso de trabajar por un bienestar común; tanto para sí mismos y para su organización, como para su familia y su país.

Le doy gracias a Dios por haberme permitido prepararme, por los dones que me ha dado, por la perseverancia, por mi compañera y por mis hijos que me apoyan en esta jornada. Porque estamos comprometidos en servir, en apoyar, en enfocarnos en las soluciones y no en los problemas. Estamos comprometidos en convertirnos en líderes de duplicación, en ayudar a otros a que tomen la antorcha para alumbrar el camino. Estamos allanando el camino para que las futuras generaciones tengan modelos a quienes imitar y puedan tener una mejor calidad de vida y un mejor país.

Desarrollar el arte de servir es un compromiso de todo líder. Cuando mejor le servimos a la gente tenemos una mejor calidad de vida. Cuando le servimos mejor a la gente tenemos mejores ciudadanos y estamos en armonía. Si queremos producir un mejor país, una mejor comunidad, una mejor familia, tenemos que desplegar el compromiso de ser servidores. Espero que este capítulo le haya permitido crear conciencia de que un líder tiene que tener una visión claramente definida, una misión establecida, un plan de acción a seguir y un compromiso para servir.

Hagamos un ejercicio para despedirnos. Pensemos que hoy es un día del año 2007 y que usted está siendo reconocido por su país o su comunidad por el trabajo o el servicio que ha ofrecido. ¿Cuáles serían las palabras que le gustaría escuchar del presentador de la actividad? Cuando esté leyendo la placa de reconocimiento que describe su hazaña o su aportación, ¿cuál sería el mensaje que le gustaría escuchar?

¿Cómo usted se siente? ¿Se siente orgulloso? ¿Se siente satisfecho? ¿Dio lo mejor de sí? ¿Realmente usted merece ese reconocimiento? Posiblemente se pueda ver con uno de sus nietos en la rodilla, que lo está mirando orgulloso porque sabe que están hablando de su abuelo. O quizás usted es un joven destacado que todavía no tiene niños, pero se siente bien porque sirve de modelo a otros.

Sería sumamente interesante el poder sentir la gratitud, el aprecio, la aceptación, el cariño, el respeto de una comunidad o de una organización que aprecia el trabajo suyo, sus sacrificios y su compromiso de servir. Tenemos que hacer la promesa de apoyar a nuestros jóvenes para que éstos nos releven cuando nuestra energía no pueda continuar cargando la antorcha que alumbre el camino de nuestros niños.

No desarrollar el arte de servir es no desarrollar nuestro liderazgo. Es darle la espalda a nuestras futuras generaciones. Es exponernos a que nuestras futuras generaciones no tengan ningún motivo para recordarnos. Es traicionar el mandato que Dios nos ha dado de servir a nuestros semejantes, de cumplir la encomienda de dar lo mejor de lo nuestro. Cuando llegue el momento de retirarnos de este mundo, la conciencia nos confirmará que hicimos todo lo que pudimos, dimos lo mejor de lo nuestro y nos iremos a descansar en la confianza de que la misión ha sido cumplida.

Capítulo 8

Los cambios del nuevo siglo

Quizás mientras usted lee este capítulo estemos ya en el siglo XXI. Uno de los retos del líder en este siglo es poder disfrutar de todos los adelantos de la sociedad para poder crecer, mejorar la calidad de la vida y ayudar a otros a desarrollarse.

Estamos frente a un siglo en que produciremos grandes resultados, gracias a las decisiones que tomaron nuestros líderes en los últimos doscientos años. Uno de los fundamentos que ha fortalecido nuestro liderazgo ha sido precisamente la democracia moderna: el tener libertad para escoger nuestra carrera, poder escoger nuestros gobernantes; esa posibilidad de tener libertad de expresión, libertad religiosa. Defender dicha democracia y protegerla constituye asimismo uno de los mejores legados que nos han dejado los líderes del siglo XX.

La democracia moderna fundada en los Estados Unidos en 1776 ha sido uno de los acontecimientos que más ha influido en nuestro tiempo. A pesar de que se fundó hace más de doscientos veinticinco años, no fue hasta finalizado el siglo XX que se pudo ver una verdadera expansión de esta democracia. De manera que a partir de 1970 la gran mayoría de los gobiernos de países en desarrollo comenzó a ser democrática. Es importante considerar esto porque en 1900 sólo había trece países democráticos en el mundo. En 1919 eran apenas veinticinco países, mientras que al llegar 1970 todavía el número era de sólo treinta países.

Entre las décadas de los setenta y los ochenta, por primera vez en la historia más de sesenta naciones se habían convertido en países democráticos. Terminando el siglo XX, en la década de los noventa, la Europa del Este rompe con su política comunista y se une al gran movimiento de economía libre. Esto da curso a un proceso de globalización que facilita y nos permite desarrollar nuevas oportunidades, conocer nuevas culturas y utilizar experiencias y conocimientos de muchos otros países.

Una de las características que tiene la democracia es que mantiene a su gente en un estado de tensión, de contradicciones y de disputas. Esto nos lleva a concluir que el choque de las ideas es la garantía de la libertad, es el instrumento para producir cambios y, sobre todo, es una fuente de descubrimientos que permite que nuestro crecimiento no tenga límites.

¿Qué impacto puede tener todo esto en nuestro liderazgo? El mencionado crecimiento de ideas e intercambio de conocimientos influirá en nuestra comunicación comercial con el consumidor. Esta libertad de expresión creará una revolución en que los líderes del siglo XXI tendrán la responsabilidad de adaptar toda la información en una forma inteligente para utilizarla tanto en su desarrollo personal y el de su empresa como en el de su país.

La gran mayoría de los expertos en la conducta humana, tales como comunicadores y publicistas, concuerdan que en estos próximos diez años la comunicación comercial, corporativa y social serán factores que cambiarán los pareceres, los paradigmas y los valores de las personas, ya que el movimiento de la información los hará participar de este proceso de cambio.

De manera que constituye un gran reto para nuestros líderes la capacidad que tendrán que desarrollar para buscar soluciones a los problemas que de inmediato afectarán a nuestra gente. Y la década de los noventa ha pavimentado la autopista para facilitar este proceso.

1. Existe un nuevo orden económico conocido como *globalización*, en que las economías armonizan sus políticas y se establecen acuerdos múltiples de libre comercio entre los países. Uno de los más influyentes es el acuerdo de libre comercio entre Estados Unidos, Canadá y México, que reúne a más de quinientos millones de consumidores, con una capacidad de consumo de billones de dólares. Quiere esto decir que el planeta ha ido evolucionando hacia la creación de inmensas comunidades económicas por encima de las fronteras.

Para los primeros años de siglo XXI se espera que en América Latina otros muchos países se unifiquen para pactar nuevos acuerdos económicos, y quizás muy pronto podremos ver a los más de trescien-

Los cambios del nuevo siglo

tos millones de latinoamericanos unidos en una economía global y, por consiguiente, con un potencial extraordinario.

2. Otro precedente de la década de los noventa son los recursos que se desarrollaron para la distribución de la información. Mientras escribo este libro, hace unas veinticuatro horas, aquí en Orlando, Florida, se produjeron unos eventos trágicos. Fuimos azotados por varios tornados en que murieron más de cuarenta personas, se destruyeron más de dos mil viviendas y se perdieron más de cuarenta millones de dólares en propiedades. Mis padres se encontraban en San Diego, California, visitando a mi hermana y, a pesar de que estábamos a miles de millas de distancia, pudieron ver en seguida las imágenes de este evento, a través de la televisión vía satélite.

Esto significa que la revolución de las comunicaciones por medio de la televisión, de las redes cibernéticas como el internet, de la videoconferencia, del fax y de otros recursos similares, permite que las personas estén más informadas y puedan producir cambios en sus criterios, en sus valores y en sus actitudes.

3. Durante la década de los noventa hemos visto una mayor privatización de las empresas, lo que ha permitido poner los recursos en manos de personas y empresas mejor capacitadas, que quieren producir un bien o un servicio para la comunidad con el incentivo de tener un beneficio económico para los accionistas de su organización. Esto ha hecho romper con la creencia de que la empresa tiene que mantener a su empleado "sobreprotegido", sin requerirle que aporte y se mantenga en una constante actitud de crecimiento y de capacitación. La competencia continua ha provocado que las empresas sean más exigentes y requieran que sus empleados sean sus aliados en esta jornada de cambios.

Esto hace que mundialmente los estilos de vida sean más parecidos cada día. Y así lo vemos en los centros urbanos donde se ha desarrollado una especie de cultura internacional. Durante los viajes que realizo, puedo apreciar las características comunes que pueden llevar a las personas a hermanar sus valores religiosos, su cultura y su arte. Al mismo tiempo, muchos están dispuestos a estudiar las opciones para mejorar su calidad de vida, y esto trae cambios en sus hábitos alimentarios, en su forma de comprar y de pensar.

4. Otra de las cosas que hemos heredado de los años noventa es que ahora tenemos conciencia de la importancia de la capacitación y del aprendizaje. Durante la década de los ochenta se hablaba de la importancia del conocimiento. La frase era: "El conocimiento es poder"; pero después de un tiempo nos dimos cuenta de que el tener mucho conocimiento no garantiza el éxito de una empresa o de un individuo. Para desarrollarnos y ser más competitivos en este nuevo siglo es mucho más importante el poder entender, aplicar y utilizar efectivamente la información de la cual disponemos.

Vivimos en unos tiempos en que el aprendizaje juega un papel importante para poder desarrollar tanto la empresa como el individuo. Sabemos que los gobiernos necesitan de la ayuda de la empresa privada para readiestrar a su personal, de manera que puedan utilizar la tecnología y los adelantos de este sector y aumentar la productividad. Y a su vez muchos gobiernos están ofreciendo incentivos contributivos a las empresas privadas para que puedan ponerse al día y también readiestrar a su personal.

Nuestra organización en particular ha estado cumpliendo con esta encomienda, ayudando a miles de personas y a cientos de empresas a fortalecer no solamente su inteligencia intelectual, sino también su inteligencia emocional, y producir así una organización flexible ante los cambios y enfocada en el fortalecimiento de su gente.

5. La década de los años noventa asimismo dio paso al liderazgo femenino. La mujer ha asumido la actitud de participar en este momento histórico de cambios, fundamentalmente a través de las pequeñas empresas y del gobierno. Hoy la mujer dirige su propio negocio, participa en posiciones de alta responsabilidad y ha demostrado su capacidad para mantener un balance entre su vida personal, su familia y su trabajo.

Durante muchos años he dado servicios a muchas empresas que trabajan con la mujer. Una de estas empresas es Mary Kay Cosmetics. Conocí esta empresa en 1980 por intermedio de una de sus directoras, la señora María Elena Álvarez. Luego pude conocer a cientos de directoras más, y durante los años noventa también hablarles a más de treinta mil mujeres de todos los Estados Unidos y Latinoamérica, ofreciéndoles nuestras herramientas de desarrollo personal.

Hoy día existen muchas organizaciones que mercadean sus productos a través de la mujer y son mucho más exitosas que otras que no ven a la mujer como un recurso importante.

Actualmente existe una mujer muy diferente a la del siglo XIX, una mujer que sabe equilibrar el trabajo con el hogar y sabe establecer un balance entre su actitud y su aptitud. Es joven de espíritu, madura en todas sus etapas, permanece atractiva e inteligente, lee, se educa y tiene un sentido de entendimiento que se proyecta a no sólo decidir quién dirija el futuro de su gobierno, sino también a tomar parte en ese proceso, participando activamente en posiciones de liderazgo.

La mujer ha superado todos los límites establecidos en los pasados siglos y su liderazgo en el siglo XXI será importante. Las veremos en todas las áreas: en la política, en el diseño de moda, en la educación, en la medicina, en el mercadeo, sin olvidar su gran responsabilidad como madre, esposa y amiga.

La mujer del siglo XXI se proyecta como una persona integral, equilibrada, administrando sus emociones y su inteligencia para enfrentarse a los cambios que han ocurrido. La toma de decisiones propias jugará un papel importante en su nueva vida: qué comer, adónde ir, qué ropa usar, qué automóvil comprar. Nuestras abuelas y bisabuelas nunca se imaginaron que sus nietas y bisnietas pudieran estar ejerciendo un liderato tan fuerte en este nuevo siglo, ya que ellas tuvieron que pagar un precio muy alto ante las ideas, valores y creencias de que ellas no podían participar activamente en los procesos sociales de aquellos tiempos.

Tenemos la responsabilidad de darle respuestas y sentido a nuestra vida. Significa que somos socios de la misma empresa que Dios, con la encomienda de cuidar a nuestra gente, tradiciones culturales y religiosas y nuestra libertad para crecer y ser mejores seres humanos. Tenemos un llamado a educarnos, para luego dar lo mejor de lo nuestro, con el compromiso de apoyar a las futuras generaciones a que tengan una mejor calidad de vida.

Para lograr tal cosa tenemos que fortalecer a nuestra familia y participar como voluntarios en los grupos y organizaciones que estén trabajando en el fortalecimiento de nuestra comunidad.

6. Durante el siglo XXI —según los analistas después del 2010—, se incrementará de una manera extraordinaria el número de personas

trabajando desde su propio hogar. Se vaticina que las computadoras personales, el teléfono y el internet pasarán a ser las herramientas fundamentales para el trabajo y algo que aumentará de manera significativa el tiempo libre de las personas. La nueva tecnología ayudará a producir una casa "inteligente", más confortable, segura y económica que las actuales. Se estima que será una casa tan atractiva que a algunos les resultará enojoso salir de ella.

Todos estos cambios producirán una nueva sociedad incomunicada y muchas personas se sentirán solas y deprimidas. Las comunidades se organizarán con mayor fuerza, buscando cosas en común como los valores religiosos, étnicos y de estilos de vida, para poder mantener el contacto personal.

Será necesario desarrollar una revolución social en que las personas puedan volver a sus raíces y a sus valores e identificar a quienes le enriquezcan la vida. Esto llevará a aumentar la responsabilidad individual, de forma que la persona tendrá que aprender a utilizar su potencial, a reconocer sus aptitudes y a enfocar sus talentos en busca de una mejor calidad de vida. La flexibilidad en el horario de trabajo será algo normal, lo que nos permitirá la oportunidad de viajar, educarnos y conocer otras culturas.

Se prevé que los hoteles y las villas turísticas serán más frecuentados, ya que las personas podrán trabajar desde el cuarto del hotel, mientras sus niños pueden estudiar a través del internet y las videoconferencias. Esto traerá como consecuencia que los edificios de oficinas se convertirán en elefantes blancos, puesto que no se requerirá que el empleado visite la oficina todos los días.

En el estilo de vida de las personas será donde habrá mayor interacción. Se buscará confiar en las personas con las que uno comparte. Habrá preferencia por lo auténtico, lo natural. Se protegerá la salud buscando una alimentación sana y utilizando los alimentos como medicina preventiva. Habrá un mayor deseo por mantenerse educado y capacitado en las nuevas tecnologías.

Una de la batallas que perderemos los que hoy contamos cincuenta años de edad es la de mantenernos jóvenes. El futuro es de un definitivo auge en el uso de vitaminas, suplementos nutritivos, tratamientos que retrasan el envejecimiento, los gimnasios y las actividades en general que motivan a las personas a mantenerse joven y en contacto con generaciones más jóvenes.

Los entendidos prevén que las personas buscarán vivir una vida más tranquila. Perseguirán igualmente una mayor estabilidad económica, producto de que existirán nuevas posibilidades para conseguirla. Tendremos, sin embargo, que vivir con menos, pero vamos a poder vivir con una mejor calidad de vida.

Los expertos en estudiar la conducta del consumidor identifican que en los próximos diez años se desplegarán las siguientes tendencias en los estilos de vida de las personas:

1. Las personas buscarán mantener una familia unida, procurando mayor flexibilidad en compartir el tiempo de que disponen.
2. Las dificultades financieras motivarán a las personas a crear conciencia de la importancia de ahorrar.
3. La búsqueda de valores, el acercamiento a Dios, el incremento de la confianza, y el preferir lo natural y lo auténtico.
4. Importancia de mantenerse en continua preparación a través de las computadoras y las nuevas tecnologías.
5. Buena alimentación, cuidar la salud y tener un estado físico lleno de energía.
6. Exigir más por el servicio que se recibe. La disponibilidad de información y de mejores recursos hará más difícil complacer al consumidor.

Todos estos aspectos harán que el mercado cambie y se produzcan nuevas oportunidades para el siglo XXI en las áreas de las finanzas, el entretenimiento, la alimentación, la consultoría, los estilos de las viviendas, los sistemas de seguridad, los servicios de salud, los productos de oficinas, los artículos para el hogar y otras.

Estas demandas crearán un escenario donde tendremos un cliente más exigente y menos leal, y la competencia aprovechará esto para mantenernos motivados a buscar formas más eficientes y económicas de ofrecer nuestros productos o servicios.

Tendremos que cultivar más y mejor determinados valores humanos: el amor, el humor, la confianza, el entusiasmo y nuestros sueños, para mantener viva la llama y construir una sociedad donde el individuo se desarrolle apoyado por la ética y la responsabilidad de que en la unidad de un bien común podemos crear un mejor mundo.

A pesar de que tendremos tantas nuevas tecnologías y computadoras, la inteligencia emocional de cada persona será un punto importante a la hora de garantizar una buena calidad de vida. Tantos adelantos y cambios en tan corto tiempo podrán provocar confusión en aquellos que no tengan una vida balanceada.

Es importante crear conciencia en nuestra gente de que hay un proceso de cambio acelerado y que los sistemas que se han creado van a facilitar la vida en unas áreas y la van a complicar en otras.

Una investigación realizada por la World Future Society, una organización integrada por miles de científicos que se dedican al estudio del impacto que producen los nuevos inventos y descubrimientos, determinó que el invento del siglo XX que mayor impacto hará en el siglo XXI es la red mundial internet, la cual crecerá y será el más influyente instrumento en el desarrollo de la nueva sociedad. Dicha red informática liberará a la persona del trabajo mental, de la misma manera que la máquina mecánica lo hizo con el trabajo físico. No se visualizan límites hasta donde pueda llegar el internet. Pero eso no significa que todo el mundo va a aceptar los cambios. Muchas personas se resistirán, no se adaptarán y continuarán utilizando los sistemas viejos.

Las nuevas posibilidades en la comunicación permitirán cubrir ampliamente el globo terrestre, lo que quiere decir que nos podremos comunicar con personas de Australia, China, Japón y otros países sin la necesidad de salir de nuestro hogar u oficina. Esto dará paso a una cultura donde surgirán nuevos lenguajes y formas de convivir.

La tecnología informática ayudará a que la formación de los niños comience desde la guardería. Los recursos para la formación del niño estarán disponibles desde antes de ir a la escuela. La presencia de tantos conocimientos, sin embargo, podrá confundir a los padres con respecto a qué realmente debe aprender el niño. Pero los recursos disponibles estarán accesibles de manera que el estudiante pueda estudiar a su ritmo. A su vez, los adultos requerirán de un programa de educación continua para que puedan armonizar sus conocimientos con los nuevos adelantos.

Los maestros serán utilizados para hacer los programas de informática y se convertirán más bien en *facilitadores* que ayudarán a los estudiantes a alcanzar sus metas.

Muchos empleados perderán sus trabajos por culpa de la informática. La utilización de robots llevará a producir paros y huelgas. Los puestos de trabajo serán cada vez más especializados y motivarán al empleado a estudiar continuamente, puesto que hasta la información escrita de unos años atrás estará entonces en desuso.

La productividad mundial aumentará rápidamente. La profesión más importante en el nuevo siglo será la del empresario, lo que motivará a que las personas desarrollen sus propios negocios y ofrezcan servicios y productos en una forma rápida y eficaz. Se pronostica que los cibermercados permitirán el contacto directo entre el fabricante y el cliente, por lo que cada vez el distribuidor hará menos falta.

Estos cambios en el uso de la tecnología afectarán asimismo el control de los gobiernos. La información con respecto a las leyes, los reglamentos, los programas de gobierno, de partidos o candidatos políticos, serán más accesibles para todo el mundo y en cualquier momento, a través de las autopistas de la información. Y esa información fortalecerá los conocimientos y la influencia de la población sobre las decisiones del gobierno. El pueblo podrá opinar de una forma mucho más rápida acerca de las leyes que se están estudiando o se desean implementar. La informática evitará que los gobiernos puedan controlar la información a la que sus ciudadanos quieran tener acceso. Esto provocará verdaderas batallas de intercambio de información, en que los políticos y sus adversarios estarán en la lucha de informar y desinformar.

De la misma manera que habrá mayor información en el área política, la habrá en el área del mercado financiero. Algo muy interesante será los juicios a través de las redes informáticas; habrán hasta salas de audiencias virtuales. Las implicaciones legales sobre la informática mantendrán ocupados a los juristas durante años. Un punto interesante será que los objetos valiosos podrán asegurarse electrónicamente y también ser encontrados fácilmente en caso de robo.

La parte negativa del internet también debemos conocerla. La red cibernética internacional desarrollará una sociedad más individual. La dependencia de las computadoras no motivará a las personas a pensar por sí mismas en muchos aspectos. La nueva tecnología hará a las personas más egocéntricas y engreídas, lo cual conducirá a que las relaciones interpersonales sean más inestables. La informática además fomentará la inactividad física y por lo tanto desarrollará un estilo de vida poco saludable.

Lo único que tenemos garantizado es el cambio. Los cambios pueden ser positivos o pueden ser negativos. Uno de los retos que tendrá el líder en el siglo XXI será estudiar cómo puede utilizar todos estos cambios en beneficio de su organización, su grupo de trabajo y su persona.

Lo invito a que esté atento, a que desarrolle una actitud positiva frente a todas las transformaciones que se avecinan. **Estúdielas. Analícelas.** Identifique cuál va a ser su participación en este proceso de cambio acelerado que nos tocará vivir.

Capítulo 9

Para producir una vida balanceada

Uno de los retos del líder en el siglo XXl es lograr una vida balanceada. Para eso tenemos que trabajar en todas las áreas de nuestras vidas. El objetivo de este capítulo es motivarlo a tomar decisiones. Como líder usted no puede vivir una vida pasiva, pasando de una crisis a otra. Tome la resolución hoy de revisar cuáles han sido las áreas de su vida más exitosas y cuál es la que más atención necesita.

Estoy seguro que después de haber leído este libro, usted decidirá reorganizar su vida para producir una vida balanceada. Puede ser que en estos momentos usted se pregunte: ¿Cómo puedo empezar? ¿Cómo puedo pavimentar el camino para producir una vida balanceada, llena de éxitos y satisfacciones?

Todo lo que se ha logrado en el mundo se ha logrado porque las personas han tenido el deseo, un motivo para llevar tal cosa a feliz término. El hombre fue a la luna porque tenía una meta, un deseo, una visión para lograr esto. Antes de ir a la luna se construyó el avión, se aprendió a volar; de igual modo, los grandes inventos, como el poder vencer grandes enfermedades, el descubrir nuevos sistemas solares. Todo lo que ha sucedido ha sido porque los líderes de los respectivos tiempos se motivaron para ello y establecieron un plan de acción para lograr su propósito.

Lo que motiva al individuo a buscar soluciones, la razón de hacer lo que hace para resolver su problema, es más importante que la misma meta que se propone.

No vamos a producir en nosotros una vida balanceada si no establecemos unos motivos para lograrla. ¿Cuáles son los motivos que le impulsan a fabricar esa vida balanceada que usted quiere? ¿Cuáles son los beneficios que usted recibirá si elabora esa vida balanceada? ¿Qué cambios tenemos que empezar a obrar para conseguir ese estilo de vida al que aspiramos?

Quiere decir que la motivación desempeña un papel muy importante en su desarrollo personal y también como líder. Podemos definir la motivación como la fuerza que nos mueve a actuar para conseguir los deseos que queremos alcanzar. Las preguntas serían entonces: ¿Cuáles son las cosas que a usted le motivan? ¿Qué nivel de compromiso usted tiene para producir una vida balanceada?

Cinco elementos importantes para desarrollar la motivación

1. *Identificar lo que uno desea alcanzar.* Hay que visualizarlo. Y cuando hablamos de visualización hablamos del puente entre el presente y el futuro. Hablamos de la capacidad que tenemos de ver las cosas antes de que sucedan. Es la capacidad de crear, de imaginar, de convertir lo invisible en visible. Las preguntas serían ahora: ¿Resulta valioso para usted producir una vida balanceada? ¿Cuál es el estilo de vida que usted quiere tener? ¿En qué persona se quiere convertir? Contestadas estas preguntas, pasamos al segundo elemento para desarrollar la motivación.

2. *Reconocer el valor de lo que uno quiere.* Para mejor explicar esto, uno de los ejemplos que doy en mis seminarios es el del adicto a las drogas. Se trata de una persona que utiliza toda su imaginación y creatividad para buscar dinero, incluyendo hasta el asalto y el robo, porque necesita de $200 a $400 al día para aquietar su necesidad de droga, para satisfacer esta dependencia sicológica y física. Es una persona que ha desarrollado unos talentos extraordinarios, enfocados y utilizados en una forma nociva y para objetivos incorrectos, que muchas veces ponen en peligro su vida y la de su familia para poder satisfacer la necesidad de su vicio.

Esta es una de las enfermedades más terribles, que ha azotado a miles de personas, a miles de familias, costándoles largas horas de dolor y sufrimientos. De paso aprovecho para felicitar a todas las instituciones que están enfrascadas en ayudar a quienes necesitan salir de este horrible vicio.

En un estudio realizado sobre la efectividad de los tratamientos que ofrecen dichas instituciones, se confirmó que los tratamientos que usan drogas sustitutas o procedimientos sicológicos, no liberan de su dependencia al paciente en un cien por cien. Tampoco se logra esto enviándolo a la cárcel. Sin embargo, las instituciones que utilizan el tratamiento sicológico junto al apoyo espiritual aumentaron el porcentaje de pacientes que dejaron las drogas y también el índice de los que tuvieron muchos más años sin consumirlas.

Cuando hablamos de una vida balanceada, es importante tener un encuentro con el Señor. He conocido a miles de personas que vivieron momentos difíciles por su adicción a las drogas. Fueron a la cárcel, recibieron tratamiento sicológico, pero no fue hasta que pudieron encontrarse con Jesucristo que vencieron el problema. Porque fue cuando hubo una transformación, una regeneración, una liberación, una limpieza espiritual, que la persona experimentó un cambio profundo, permanente y sincero para comenzar una nueva vida.

Quiero aclarar que no estoy hablando de religión; hablo de la necesidad de una relación personal con Dios. Y es ésta una acción que cada cual debe tomar si quiere producir una verdadera vida balanceada.

3. *Desarrollar la motivación es saber evaluar los obstáculos.* Los obstáculos los podemos definir como razones, creencias o situaciones que nos impiden llegar a donde queremos llegar. Cuando tengo un proyecto, una meta a conseguir, lo primero que hago es hacer un listado de los impedimentos que debo superar. Puede ser que me haga falta obtener información, fortalecer una actitud, desarrollar nuevas estrategias, ganar más dinero. Lo importante es clasificar los obstáculos por niveles:

a. Obstáculos de actitudes. Mi actitud no es la correcta. Tengo miedo a enfrentarme a esta situación. No estoy dispuesto a dar lo máximo para superar este obstáculo.

b. Obstáculos de creencias. Mis experiencias en el pasado me hacen pensar que no podré lograr el objetivo. Las creencias de las personas que me rodean me convencen de que es imposible alcanzar ese sueño, esa meta.

Siempre recuerdo el campo de mi país, Puerto Rico. Cuando llevaba una meta a la familia o a los amigos, me decían: "No sueñes con pajaritos preñao." En Santo Domingo dicen: "No sueñes con pajaritos volando." Quiere decir que los pajaritos de Puerto Rico son más "activos". La verdad es que la gente está programada para robarnos nuestros sueños, para explicarnos el porqué no se puede. Tenemos que ser muy cuidadosos y no permitir que nos roben nuestros sueños.

c. Obstáculos de escasez. Existe un espíritu de escasez. Nos enfocamos en qué cosas nos hacen falta. No tenemos dinero, no tenemos tiempo, no tenemos relaciones, no tenemos recursos. Lamentablemente este espíritu de escasez impide que las personas puedan alcanzar sus metas.

Considero que nunca antes han existido tantas oportunidades y tantos recursos. Hasta que no superemos el espíritu de escasez no vamos a poder desarrollar una vida balanceada.

4. *Buscar soluciones.* Cuando tenemos una adversidad, un problema, debemos encontrar tiempo para evaluar la situación e identificar las soluciones. Regularmente uso la dinámica de hacer preguntas:

a. ¿Qué puedo aprender de esta situación?
b. ¿Qué cambios tengo que dar para poder superar esta situación?
c. Si no hago estos cambios, ¿qué me costará?
d. ¿Qué es lo más malo que me puede suceder?
e. ¿Quién me puede ayudar a resolver esta situación?
f. ¿Tengo el compromiso de resolver esta situación?

A partir de estas preguntas puedo realizar una evaluación y establecer una estrategia que me permita superar los obstáculos en la consecución de la meta.

5. *Tomar acción.* La acción significa ser perseverante, ser *proactivo*, estar resuelto y convencido de que si su meta no se puede lograr este año por situaciones fuera de su control, será el año siguiente o la década próxima. Pero usted no descansará hasta lograr su objetivo.

Existe una fórmula matemática para alcanzar sus metas. Comience estableciendo su meta, divida los problemas por prioridades y resuélvalos uno a uno. Multiplique todas las posibles soluciones que puedan existir para alcanzar su meta. Reste todos los pensamientos negativos que le quitan fuerzas y lo sabotean. Sume todos los beneficios que recibirá si alcanza esa meta. El resultado final será un entusiasmo contagioso, porque logró su objetivo.

La acción produce coraje, produce confianza, y una vez comenzada la tarea, se desarrolla un entusiasmo contagioso que encenderá su

Para producir una vida balanceada

llama interna y no permitirá que se apague hasta no ver realizada su idea.

Después de repasar todos estos temas sobre la motivación, asumiremos entonces la responsabilidad de contestar la siguiente pregunta: ¿Qué nos motiva a vivir una vida balanceada? La respuesta será muy personal, porque los valores y las creencias de la persona son los que van a determinar los motivos para producir la calidad de vida a la que aspira.

En el próximo capítulo usted tendrá la oportunidad de practicar una autoevaluación sobre los puntos fuertes y los puntos débiles en distintas áreas de su vida. Se le invitará a que haga una lista e identifique cuáles son esos puntos débiles, qué cambios debe realizar y por qué. Utilizando dicha lista como referencia, podremos establecer los motivos que usted tiene para hacer las cosas correctamente y producir una vida balanceada.

Revise cuidadosamente la cantidad y calidad de sus motivaciones, porque éstas lo impulsarán a levantarse todos los días a trabajar con un objetivo en mente.

El análisis de la realidad en cada área de nuestra vida nos permitirá mantenernos enfocados. Iremos cambiando según vamos creciendo y desarrollando nuestro nuevo estilo de vida.

Si tenemos que identificar las razones para actuar, el instrumento más poderoso que conozco es establecer metas que nos sirvan de brújula, de manera que orientemos nuestra energía con respecto a qué hacer día a día, semana tras semana, hasta revolucionar todas las áreas de nuestras vida.

Las metas son escalones que nos sirven para crecer. Son el instrumento para trazar el camino, para diseñar el mapa que nos permitirá caminar con un paso firme y no rendirnos. Si no tenemos un plan escrito, será muy fácil desviarnos, darnos por vencidos ante el primer obstáculo que nos encontremos. Si por el contrario establecemos claramente nuestras metas, podemos superar los obstáculos. De la misma manera es algo que genera confianza, energía, y que nos permita seguir adelante sin importarnos las adversidades.

Debemos dividir nuestras metas en distintas categorías: las metas tangibles y las metas intangibles. Las metas tangibles son las que usted puede tocar. Considere, por ejemplo: "Voy a cambiar el automóvil",

"Voy a terminar mi maestría". Estas son cosas que usted puede mirar, ver, tocar. La meta intangible es aquella interna, que tiene una relación con sus valores, con sus emociones y que le da impulso para seguir luchando. Por ejemplo: "Tengo que dejar de fumar." Internamente usted tiene que trabajar con unos cambios y unos hábitos para vencer la adicción.

Otras categorías pueden ser las metas a corto plazo y las metas a largo plazo. Las metas a corto plazo se enfocan en lo que hay que hacer diariamente, durante la semana, es decir en un futuro inmediato. Son actividades que producen resultados a corto plazo y desarrollan confianza, porque nos confirman que vamos por el camino correcto. Las metas a largo plazo son los objetivos que pensamos lograr en seis meses o un año. Por ejemplos: "¿Dónde voy estar el año que viene?" "¿En qué tipo de residencia me gustaría vivir dentro de cinco años?" "¿Cuál sería la contribución que me gustaría hacer a las futuras generaciones?"

La lista de sus motivaciones será las claves que le ayudarán a trazar su plan de trabajo para producir una vida balanceada. Deseo hacer ahora una dinámica con usted. Digamos que tiene todos lo recursos que necesita: tiene salud, puede pensar claramente, tiene conocimientos y experiencias valiosas y desea hacer un plan de acción para desarrollar una vida balanceada. Lo que entonces usted necesita para poder realizar esta dinámica, es saber que no podemos crecer ni cambiar si no nos atrevemos a soñar.

Lamentablemente la máquina de los sueños nos la rompen a los siete años. Nos dicen por lo menos tres veces al día, durante esos primeros veinte mil días de vida, que no podemos, que no lo hagamos, que es imposible, que pongamos los píes en la tierra. Y nos convencemos que nuestra tarea es sobrevivir, ganarnos la vida, pero no planificar una nueva vida. La verdad es que la vida debe de ser bien aburrida, si la razón por la que usted va todos los días a trabajar es para pagar el agua, la luz, el carro, la comida y la renta de la casa.

Cuando usted era pequeño estoy seguro de que no pensaba en eso, porque su máquina de sueños solamente pensaba en lo que usted creía que era posible. El atreverse a soñar es tan necesario como el oxígeno. Usted puede vivir varios días sin comer, pero su cerebro no puede dejar de recibir oxígeno más de quince segundos porque muere. Lo

Para producir una vida balanceada

mismo sucede si queremos producir una vida balanceada. Tenemos que atrevernos a soñar, dedicarnos a trabajar en nosotros mismos y planificar lo que queremos realizar como algo también vital.

Vamos a dar un paseo. Lo puedo invitar a la playa, a la montaña o a escoger un espacio en su hogar relajado y tranquilo, y dedicarme unos minutos: "¿Dónde quiero estar en los próximos cinco años?" "¿Cuál es el estilo de vida que quiero ofrecerles a mis hijos?" "¿En qué persona me quiero convertir?"

Voy a realizar a continuación el siguiente ejercicio con usted: Me veo en el suroeste de Puerto Rico, en un pueblo llamado Cabo Rojo, en un sector conocido por El Faro. Son las nueva y media de la noche, el cielo está estrellado, estoy en un bote frente a la bahía, la luna está llena y me acompaña mi esposa Candy y mis hijos. Estamos escuchando una música instrumental, la temperatura está fresca y estamos compartiendo las bendiciones que Dios nos ha dado. Nos sentimos relajados, contentos y estamos planificando nuestras metas para los próximos cinco años.

Mi pregunta es: ¿Pudo imaginar este evento? ¿Pudo sentirlo? Si lo pudo vivir, su máquina de sueños funciona.

Complete los siguientes tópicos para desarrollar su plan de acción de los próximos cinco años y producir una vida balanceada:

1. Sus metas a largo plazo en el área familiar y social.
   a. Dentro de cinco años quiero para mi familia...
   b. Dentro de cinco años estaré viviendo el siguiente estilo de vida...
   c. Dentro de cinco años estaré haciendo la siguiente labor para ayudar a la gente...
2. Sus metas a largo plazo en el área personal.
   a. Dentro de cinco años habré adquirido las siguientes habilidades...
   b. Dentro de cinco años seré este tipo de persona...
   c. Dentro de cinco años seré reconocido por estas características...
3. Sus metas a largo plazo en el área financiera.
   a. Dentro de cinco años mi situación económica será la siguiente...
   b. Dentro de cinco años produciré la siguiente cifra para vivir cómodamente...
   c. Dentro de cinco años mis inversiones serán las siguientes...
4. Sus metas a largo plazo en el área profesional.
   a. Dentro de cinco años mi carrera será...

b. Dentro de cinco años me desarrollaré en el área...
c. Dentro de cinco años estaré en la posición...
5. Sus metas a largo plazo en su estilo de vida.
   a. Dentro de cinco años mi estilo de vida será...
   b. Dentro de cinco años viviré en este lugar...
   c. Dentro de cinco años disfrutaré de...
6. Sus metas a largo plazo en su área espiritual.
   a. Dentro de cinco años mi crecimiento espiritual será...
   b. Dentro de cinco años mi contribución será...
   c. Dentro de cinco años mi relación con Dios será...

Este ejercicio le permitirá establecer el tipo de metas que usted quiere realizar. Esto afectará sus actitudes, sus hábitos, la forma de hablar, de caminar, de comportarse. La pregunta es: ¿Cómo convertimos esto en realidad? La respuesta sería: Desarrollando un estilo de vida balanceado. El valor que usted se dé, la disciplina que desarrolle, el compromiso que asuma con su futuro, serán sus combustibles para alcanzar eso que usted quiere.

Usted es el actor principal de la película de su vida. Según vaya asumiendo responsabilidad con su futuro y tome las decisiones necesarias para producir cambios, atraerá los recursos, la gente, el dinero y las circunstancias para lograr sus objetivos. Les comentaba a mis hijos en estos días que cuando comenzamos nuestro negocio era muy difícil conseguir dinero prestado, pero después que tenemos dinero, que no nos hacen falta los bancos, quieren prestarnos dinero. Quiere decir que hay una ley de atracción; si aceptamos que lo que tenemos es consecuencia de lo que somos, podemos cambiar lo que somos para atraer lo que queremos.

Estamos en un momento importante y debemos contestarnos: ¿Qué personas deberíamos ser para atraer las metas que nos hemos propuesto? ¿Qué cualidades o características debemos desarrollar para poder alcanzar lo que queremos?

Si tomamos como ejemplo la necesidad de aumentar los ingresos, tenemos necesariamente que llegar a la conclusión de que nuestros ingresos dependerán de nuestro desarrollo personal. Cuando generamos mejores ingresos, tenemos una mejor sonrisa, apretamos la mano de las personas con más entusiasmo. Nuestras palabras están llenas de energías. Debemos empezar a vernos de la forma en que nos queremos comportar si queremos crecer y desarrollarnos. Estudie a las personas que están en su misma profesión, evalúe por qué están teniendo éxito. Las personas que tienen altos ingresos tienen unas características en común y las que tienen problemas económicos también las tienen.

Estamos en un momento crucial. Queremos producir un estilo de vida balanceado, pero para lograrlo tenemos que invertir tiempo. Si usted le pregunta a una persona cuántas horas trabaja por semana, regularmente contesta que cuarenta horas. Pero la pregunta que le tengo que hacer es: De las ciento sesenta y ocho horas que tiene la semana, ¿cuántas invierte en su desarrollo personal; para leer, desarrollar nuevas destrezas, practicar nuevos talentos, mejorar las relaciones con su familia, orar, conocer personas? ¿Qué actividades usted tiene que comenzar para producir un cambio profundo y un estilo de vida balanceado?

Pregúntese: ¿Qué tengo que sacrificar para tener más tiempo e invertirlo en mi desarrollo personal? ¿Qué beneficio voy a tener si invierto cierto tiempo en mi desarrollo personal? La hora suya tiene los mismos sesenta minutos que para la persona que gana cien mil dólares al año. La diferencia está en el valor que tienen nuestras horas, en el valor de nuestro trabajo. Quiere decir que usted tiene que aumentar el valor de su destreza, de sus conocimientos y de sus habilidades para poder producir más.

Tal vez usted no está en dicha situación financiera. Pero el ejemplo podríamos aplicarlo a su vida familiar, social o espiritual. No sé cuál es su caso, pero si se siente realizado tenga cuidado de no caer en una zona de comodidad, porque eso lo llevará a perder efectividad y a crear un sentido de complacencia.

Para aumentar la valoración de sí mismo, tiene que estar dispuesto a pagar el precio correspondiente; tiene que estar dispuesto a sacrificarse. No espere a que las personas le exijan más de lo que usted se exige a sí mismo. No espere a que venga alguien a hacer lo que a usted le toca. Su responsabilidad es desarrollar la disciplina de hacer todo lo necesario para poder lograr los resultados que usted desea alcanzar.

La disciplina es un hábito que nos pule, que nos prueba y nos moldea. Disciplina para leer todos los días veinte minutos, para controlar sus situaciones negativas, para vencer las preocupaciones, las dudas y los temores. El éxito de su disciplina comenzará con pequeños pasos. Primero resolverá pequeños problemas y trabajará para alcanzar esas pequeñas metas que le permitirán alcanzar esas grandes metas.

Nuestras actitudes, hábitos y acciones producirán resultados, así como la semilla que se siembra produce frutos. Hay un mensaje que escribí sobre este tema que dice sencillamente: "Lo que piense, eso será suyo; lo que siembre, eso recogerá. Siembre grandes sueños y recogerá grandes resultados."

Los resultados de hoy tienen una relación directa con nuestras actitudes, nuestros hábitos y nuestras acciones. Usted es el único responsable por la calidad de la cosecha que produzca. El riesgo es suyo. La calidad de la cosecha tiene una relación con las decisiones que usted ha tomado en el pasado, una relación con el uso de sus talentos y sus capacidades. Si utiliza correctamente sus capacidades, talentos, emociones y habilidades personales, le garantizo que su crecimiento será continuo y su cosecha será de calidad.

El reto que usted tiene hoy es desarrollar un proceso y repetirlo. Debe observar, escuchar y pensar correctamente, porque estará escribiendo el libro de la historia de su vida. Todo el ejercicio que hemos explicado en este capítulo requiere repetición. A través de la repetición echará raíces y se reflejará en su personalidad, en su comportamiento, en sus ingresos y en un estilo de vida balanceada.

Usted ha sido invitado a ser diferente, a sobresalir, a desarrollar un estilo de vida balanceada. Confío en que la semilla que hemos sembrado hoy producirá grandes resultados. Me gustaría saber de sus victorias y de sus éxitos. La mayor satisfacción que produce mi trabajo es conocer los testimonios de las personas que han superado sus adversidades, las vivencias de quienes se comprometieron a pagar el precio del éxito y que no se rindieron. Su testimonio nos confirma que para aquel que cree, todo es posible.

Capítulo 10

Un nuevo estilo de vida

Espero que la experiencia de leer este libro le sirva para enriquecer su vida y fortalecer su liderato. Pues el éxito del mismo tiene una relación directa con el compromiso suyo de descubrir su potencial, sus sueños; de utilizar las oportunidades que se le presenten; y prepararse, a través del estudio de los conocimientos y las prácticas que hemos compartido, para ser el líder que usted aspira.

Estamos en un nuevo siglo; podemos entonces comenzar un nuevo estilo de vida. Usted está ahora llamado a enfrentarse a nuevos retos, a buscar nuevas respuestas a las adversidades por venir. Está llamado a utilizar la nueva tecnología que se desarrolla y los adelantos, y crear así un moderno estilo de vida. Esta naciente fórmula de existencia le permitirá redescubrir su energía dormida, sus sueños olvidados, las metas no alcanzadas; y de igual modo le facilitará renovar sus pensamientos en la búsqueda de soluciones.

Comprométase con sí mismo a desarrollar este plan de acción que le ofrecemos. Realice los ejercicios sugeridos. Considere todas las posibilidades que se puedan abordar para alcanzar este nuevo estilo de vida, al cual tiene usted derecho a conquistar. Recuerde que el precio del éxito se paga por adelantado y al contado; es decir, se paga trabajando. No es cuenta que se pueda cargar a una tarjeta de crédito para pagar después.

Tenemos una sola vida; nos quedarán veinte, cuarenta, sesenta años para disfrutarla. Tenemos que descubrir y pavimentar el camino, no sólo para disfrutar la vida, sino para ayudar a otros con nuestro ejemplo de que es posible, que podemos cambiar, que podemos cambiar creencias, valores, actitudes, para producir un nuevo estilo de vida del cual nos podamos sentir orgullosos.

Todo comienzo es difícil; todo despegue cuesta trabajo, energía, compromiso, dedicación. A usted le corresponde enfrentarse a los obstáculos que le están impidiendo crecer y desarrollarse. Uno de los problemas más grandes que tienen los seres humanos es que se orientan hacia el pasado; en lo que dejaron de hacer, en lo que debieron haber hecho, en lo que hicieron mal, en lo que harían si tuvieran una nueva oportunidad. Siempre se enfocan en lo que no funciona y buscan excusas para explicar por qué no pueden alcanzar una nueva meta.

Tres cosas importantes acerca de nuestro pasado

1. El pasado ya pasó y no lo podemos cambiar, pero sí lo podemos utilizar como experiencia para crecer. Podemos aprovechar los errores que cometimos para aprender de ellos y tratar de hacer las cosas de forma diferente.

2. Usted es el único responsable de su pasado. Los éxitos y los fracasos alcanzados son el resultado de nuestras decisiones. Podemos reconocer qué decisiones buenas hemos tomado y qué decisiones tenemos que mejorar.

3. No importa cómo haya sido su pasado; lo importante es el compromiso que usted haga de producir cambios y estar consciente de que tendrá que pagar un precio si no produce esos cambios.

Ese nuevo estilo de vida que usted desea desarrollar no se va a convertir en realidad por casualidad, sino por las decisiones que usted tome hoy y su determinación de tornar sus pensamientos, sentimientos y conocimientos en acción.

Dios nos hizo de una forma muy especial. Diferente a los animales, nos dio la capacidad de decidir. Para eso tenemos la capacidad de analizar, de pensar, de recordar y de entender que nuestro nuevo estilo de vida nace de la voluntad de convertir algo difícil en fácil, algo imposible en posible, algo invisible en visible. Debemos reconocer que somos personas especiales, que uno puede cambiar cualquier cosa, sin importar la adversidad o la dificultad, si toma la firme resolución de hacerlo. Si hay algo en su vida que debe cambiar, cámbielo ahora. Si hay algo en su vida que le gustaría hacer, hágalo ahora.

Un nuevo estilo de vida

Usted no es una rígida pared, no es un automóvil, ni una computadora. Usted puede cambiar hoy; no tiene que seguir siendo la misma persona. Enfóquese en su futuro. Su éxito nacerá de las decisiones que tome hoy, orientado hacia los resultados que quiere alcanzar. Su compromiso es invertir todos los recursos disponibles para producir una regeneración, una restauración, una renovación interna que le permita crear una nueva persona, un nuevo estilo de vida.

Lo anterior se puede lograr si producimos un balance en nuestra área espiritual al establecer una relación con Dios. Podemos crear igualmente un balance en nuestra área emocional al fortalecer nuestra inteligencia emocional. También podemos ocasionar un balance en nuestra área física, es decir, alimentando y vigorizando nuestro cuerpo y nuestra mente.

Para conseguir este nuevo estilo de vida, debemos primero producir un entusiasmo contagioso, un entusiasmo revitalizador y explosivo. Compárelo con los momentos en que usted logró algo positivo en su vida; cuando no podía dormir pensando en lo que tenía que hacer para lograr su objetivo; cuando continuamente hablaba de lo que quería hacer. Buscaba información, preguntaba y analizaba quién lo podía ayudar, quién ya había logrado eso que usted quería alcanzar. Esta forma de vida yo la he practicado por treinta años, desde que puse mi primer negocio a los doce años, vendiendo zapatos por catálogos. Con el tiempo supe que dentro de uno hay una llama que a veces baja su intensidad y otras sube su intensidad.

Para lograr el nuevo estilo de vida que propongo, hay que encender esa llama todos los días. Tenemos que redescubrir el entusiasmo de cuando éramos niños, cuando nos ofrecían llevarnos a comer helado o nos motivaban con la promesa de que los reyes nos traerían una bicicleta. La sangre corría entonces por nuestras venas de una forma más rápida, sentíamos ese calor interno que nos permitía caminar más rápido, transmitir confianza, mover nuestro cuerpo con libertad y enfocar nuestros pensamientos solamente en el objetivo que queríamos. No podíamos ver los impedimentos, sólo veíamos que nuestra meta era posible y que íbamos en pos de ella.

Tenemos que desarrollar ese entusiasmo contagioso, esa actitud de vencedor. Renovar nuestros pensamientos, levantar nuestro espíritu y cambiar las creencias que impiden alzarnos y comenzar a reorganizar nuestra vida para un nuevo comienzo. Lo invito a que comience hoy, analizando dónde está usted y adónde quiere llegar. No podemos producir cambios y reorganizar nuestra vida si no conocemos nuestra realidad primero.

Es muy similar a cuando usted va al médico; le hacen un examen de sangre, de orina, le toman la presión, le hacen preguntas, todo para obtener un cuadro de su situación física. Pero tenemos que revisar no solamente nuestra situación física, sino también nuestro estado financiero. ¿Cuáles son nuestros ingresos? ¿A quién le debemos? ¿Cómo trabajar con nuestros acreedores? ¿Cómo establecer un programa para manejar las finanzas?

Las relaciones con su familia son muy importantes; qué cosas debería hacer para mejorar esas relaciones. Y en nuestra área espiritual, qué cambios debemos hacer, quién nos puede ayudar a fortalecer nuestra área espiritual.

Podemos tener muy buenas intenciones de producir cambios y establecer en nosotros un nuevo estilo de vida, pero si no somos sinceros al evaluar nuestro presente, reconociendo nuestros puntos fuertes y nuestros puntos débiles, no llegaremos a producir cambios reales. Nos podemos convertir en nuestro peor enemigo si no aceptamos el presente como es y lo enfrentamos con la confianza de que la única forma en que podemos cambiar y producir un nuevo estilo de vida es aceptando nuestra realidad.

Las personas que fracasan en provocar cambios, regularmente no aceptan el presente; no aceptan que han tomado malas decisiones y no planifican en qué tipo de personas se quieren transformar. No pierda tiempo en darse consuelo, en decir que así son las cosas, que no hay quien cambie la situación, que usted tiene mala suerte. Lo que está confirmando con esas palabras es que usted no está listo para producir un cambio en su vida y obtener un nuevo estilo de vida.

De hoy en adelante usted tiene que ser el mejor analista de sus logros, de sus victorias, de sus adversidades y de sus fracasos. A veces el problema que tenemos es que no divisamos que estamos creciendo porque los éxitos que obtenemos son pequeños. Otras veces cuando cometemos un error o fracasamos le damos una importancia exagerada y perdemos la perspectiva de que para lograr el éxito

Un nuevo estilo de vida

tenemos que aprender también a disfrutar de los resultados no deseados.

Para poder medir nuestro crecimiento tenemos que conocer claramente cuál es nuestra realidad hoy. Debemos estar conscientes de que hay que evaluar todas las semanas, mes a mes y anualmente cada situación y cada adelanto.

Comencemos nuestra evaluación y utilicemos la página de dos columnas: una para sus puntos fuertes y la otra para sus puntos débiles.

Empecemos con su área financiera. Vamos a hacerle varias preguntas para estimular su pensamiento y profundizar en qué zonas usted las colocaría, en la fuerte o en la débil. Por ejemplo: ¿Su chequera con frecuencia esta sobregirada? Si eso es algo que le sucede a usted, debe colocarlo en el área de los puntos débiles, con el objetivo de establecer conciencia de que es una situación que debe mejorar. Otro ejemplo contrario: ¿Es usted de los que viven holgadamente con sus ingresos? Entonces, si es afirmativo, lo colocaría en la columna de los puntos fuertes.

Vamos a trabajar en su *área financiera*. Hágase las siguientes preguntas:

1. ¿Ha tenido con frecuencia problemas con su familia por sus finanzas?
2. ¿Tiene usted un presupuesto personal o gasta más dinero del que gana?
3. ¿Entiende usted que podría aumentar sus ingresos si decide hacerlo?
4. ¿Está haciendo algo para que aumenten sus ingresos en los próximos doce meses?
5. ¿Si pierde su trabajo, cuánto tiempo podría vivir de sus ahorros?
6. ¿Puede contar con los ingresos de su cónyuge para satisfacer su estilo de vida?
7. ¿Podría conseguir sin dificultad un préstamo bancario?
8. ¿Cómo está en general su crédito?
9. ¿Cuenta con los seguros necesarios? (vida, médico, incapacidad, automóvil)
10. ¿Ha planificado su programa de jubilación? (ahorros, acciones, inversiones)

11. ¿Tiene deudas que pagar? (tarjetas de crédito, impuestos, préstamos)
12. ¿Tiene un inventario de sus activos? ¿Tiene un testamento?

Su realidad financiera

PUNTOS FUERTES:

PUNTOS DÉBILES:

Ahora dediquemos algún tiempo a su *realidad profesional*:
1. ¿Le gusta su trabajo? ¿Le permite crecer y desarrollarse?
2. ¿Las relaciones con sus compañeros de trabajo son buenas?
3. ¿Ha escrito sus metas profesionales?
4. ¿Podría encontrar otro trabajo fácilmente?
5. ¿Tiene un programa de desarrollo profesional para mejorar su carrera?
6. Identifique características que benefician o perjudican su carrera.
7. ¿Su crecimiento en el trabajo ha sido por mérito o por antigüedad?
8. ¿Le gusta trabajar en nuevos proyectos o rehuye hacerlo?
9. ¿Considera que está utilizando sus talentos y capacidades al máximo?
10. ¿Es miembro de alguna asociación profesional?
11. ¿Puede expresar sus sugerencias durante las reuniones de trabajo?
12. ¿Se considera una persona puntual y confiable? ¿Sabe aceptar críticas?

Su realidad profesional

PUNTOS FUERTES

PUNTOS DÉBILES

Trabajemos con su *realidad familiar y social:*
1. ¿Las relaciones con su familia son satisfactorias?
2. ¿Cree que sus familiares y amistades se aprovechan de usted?
3. ¿Es usted de los que invierte suficiente tiempo con su cónyuge y sus hijos?
4. ¿Sus amistades están compuestas de diferentes grupos sociales?
5. ¿Puede usted resolver las situaciones difíciles o las delega?
6. ¿Se siente cómodo cuando comparte con personas que no conoce?
7. ¿Espera usted que lo llamen o le escriban, o toma usted la iniciativa?
8. ¿Pertenece a asociaciones, clubes y grupos sociales?
9. ¿Le enriquecen sus amigos y sus familiares?
10. ¿Varía sus actividades o siempre hace lo mismo?
11. ¿Se reúne con su familia para evaluar cómo están las cosas?
12. ¿Se considera responsable, confiable y honesto en sus relaciones?

Su realidad familiar y social

PUNTOS FUERTES

PUNTOS DÉBILES

Revisemos ahora su *realidad personal*:
1. ¿Se siente feliz?
2. ¿Le gusta su persona?
3. ¿Está utilizando bien sus talentos y habilidades?
4. ¿Sabe administrar sus estados emocionales?
5. ¿Hace ejercicios con regularidad?
6. ¿Se preocupa con frecuencia por cosas de poca importancia?
7. ¿Puede escuchar con facilidad o interrumpe con frecuencia?
8. ¿Puede tomar decisiones sin depender de los consejos de otros?
9. ¿Considera que tiene una actitud positiva de sí mismo?
10. ¿Administra bien su tiempo?
11. ¿Resuelve los problemas según surgen o deja que se resuelvan solos?
12. ¿Aprende de los fracasos y sigue adelante, o se deja vencer por ellos?

Su realidad personal

PUNTOS FUERTES

PUNTOS DÉBILES

Trabajemos con la realidad de su *estilo de vida:*
1. ¿Se siente cómodo en la casa donde vive?
2. ¿Disfruta de su tiempo libre o se preocupa por su trabajo?
3. ¿Tiene suficiente tiempo para desarrollar sus proyectos?
4. ¿Sueña con otro estilo de vida? ¿Está trabajando por tener ese estilo de vida?
5. ¿Siempre ha deseado visitar algún lugar? ¿Por qué no lo ha hecho?
6. ¿Tiene ropa adecuada para sus compromisos profesionales y sociales?
7. ¿Compra a veces cosas para impresionar a los demás?
8. ¿El lugar donde usted vive le permite mejorar su vida? (cultural, intelectual, social, personal y profesional)
9. ¿Con frecuencia le gustaría hacer algo y no lo hace porque piensa que es demasiado joven o viejo?
10. ¿Conoce usted las cosas que le quitan fuerza?
11. ¿Planifica su vida con anticipación?
12. ¿Está más enfocado en ganarse la vida que en planificar su estilo de vida?

Su estilo de vida

PUNTOS FUERTES

PUNTOS DÉBILES

Es importante evaluar su *área espiritual*:
1. ¿Me considero una persona espiritual?
2. ¿Comparto con personas que dedican tiempo al área espiritual?
3. ¿Visito la iglesia con frecuencia?
4. ¿Apoyo con mis recursos a la iglesia?
5. ¿Leo la Biblia y la aplico a mi vida diaria?
6. ¿Participo en retiros y actividades para mi desarrollo espiritual?
7. ¿Qué cambios debo dar para mejorar mi área espiritual?
8. ¿Qué me costará no realizar estos cambios?
9. ¿Se considera una persona vacía interiormente?
10. ¿Cómo ha sido su crecimiento espiritual durante los pasados cinco años?
11. Si usted repite lo que hizo en los pasados cinco años en su área espiritual, ¿cómo será su estado espiritual dentro de cinco años?
12. ¿Piensa dedicarle más tiempo a su área espiritual? ¿Por qué?

Su área espiritual

PUNTOS FUERTES

PUNTOS DÉBILES

Revisemos su *liderazgo*:
1. ¿Se considera un buen líder? ¿Por qué?
2. ¿En qué área de su liderazgo usted cree que debe mejorar?
3. ¿Utiliza su inteligencia emocional para trabajar con su gente?

4. ¿Conoce los distintos niveles de liderazgo de su grupo?
5. ¿Utiliza los estilos del carácter para conseguir el apoyo de su grupo?
6. ¿Sabe asumir sus responsabilidades como líder?
7. ¿Puede usted trabajar con personas difíciles?
8. ¿Qué condiciones le ayudan a desempeñar su liderazgo?
9. ¿Qué estrategias usted utilizaría para fortalecer su liderazgo?
10. ¿En qué áreas de su liderazgo usted es más fuerte? (planificación, organización, comunicación, supervisión)
11. ¿Qué haría usted hoy para fortalecer su liderazgo?
12. ¿Cómo ha sido el crecimiento de su liderazgo en los pasados cinco años?

Revisando su liderazgo

PUNTOS FUERTES

PUNTOS DÉBILES

El objetivo de los ejercicios anteriores es realizar un inventario de las áreas de su vida, identificando tanto los puntos fuertes como los puntos débiles de su persona. Estoy seguro de que observará que en la lista de sus puntos débiles hay un patrón de conducta, unas actitudes y unos hábitos que tiene que modificar para producir cambios en su estilo de vida.

Siguiendo el mismo sistema de columnas, a continuación le muestro la manera más fácil de resumir los resultados:

¿QUÉ CAMBIAR?

¿EN QUÉ ÁREA?

¿QUÉ DEBO HACER?

¿POR QUÉ?

Espero que este libro le haya servido de inspiración y orientación en el desarrollo de un nuevo estilo para su vida. Le tomará tiempo. Lo puede comparar a cuando sembramos una semilla, de la cual no podemos ir inmediatamente a recoger el fruto. Tiene que darle tiempo y ser perseverante. Recuerde que ser perseverante significa enfocarse en aquello que quiere alcanzar y no descansar hasta hacerlo realidad.

Tómese el tiempo que sea necesario para completar esta dinámica; le garantizo que su vida dará un cambio de ciento ochenta grados. Las transformaciones que logrará servirán de inspiración tanto a las personas que usted conoce como a las que lo rodean. Levántese hoy y dígase: "Le doy gracias a Dios porque me ha permitido vivir, porque soy un líder en potencia, porque tengo los requisitos para triunfar y porque puedo cambiar. Mi futuro tiene una relación directa con la decisión que estoy tomando en este momento de tomar control de mí mismo y enfocarme en las soluciones. Debo pagar el precio necesario para crecer, para realizarme, para desarrollar un nuevo estilo de vida y ser un ejemplo para los que todavía piensan que no se puede."

Quizás usted nunca haya hecho una evaluación semejante a la anterior, por lo que le recomiendo que continúe poniéndola en práctica. Compártala con las personas que lo rodean y quedará sorprendido de sus reacciones. Estarán agradecidas de poder enfocar su vida, de identificar tanto sus puntos fuertes como sus puntos débiles.

Vamos por buen camino, por un camino donde desarrollaremos un nuevo estilo de vida balanceada, que produce paz, confianza, fe y seguridad. *Estamos llamados a ser líderes que inspiren a otros a mejorar su calidad de vida.*

Continúe recargando sus baterías

Disfrute de *Somos la fuerza del cambio* y *Motivando a nuestra gente*, dos obras que les han ayudado a miles de personas a fortalecer su autoestima, planificar su futuro, renovar sus pensamientos, cambiar sus creencias, fortalecer su inteligencia emocional y equilibrar su vida espiritual, emocional y física.

Si a usted o su organización le interesa contratar los servicios del conferenciante internacional J.R. Román para desarrollar alguna conferencia, taller o seminario en su empresa, convención o grupo, le sugerimos que se comunique con nuestras oficinas escribiendo, llamando o enviando un fax. El calendario de J.R. Román se coordina con seis meses de anticipación. De usted tener algún evento le recomendamos que se comunique con anticipación.

Escriba a:

Nuestra Gente
P.O. Box 617221
Orlando, FL 32861

Teléfono (407) 294-9038
Fax (407) 578-5827

MOTIVANDO A NUESTRA GENTE

J.R. Román

J.R. ROMÁN

Cómo reorganizar la vida para alcanzar el éxito

SOMOS LA FUERZA DEL CAMBIO